NOTIONS

SUR LA RADE

DE CHERBOURG,

SUR LE PORT

BONAPARTE

ET SUR LEURS ACCESSOIRES.

PAR UN OFFICIER FRANÇAIS.

Le Peuple Français veut une Marine,
il le veut fortement.

Arrêté des Consuls, du 3 Therm. an 8.

A CHERBOURG,

DE L'IMPRIMERIE DE BOULANGER,

Libraire, rue de la Vase. — An XII.

NOTIONS

SUR LA RADE

DE CHERBOURG,

SUR LE PORT BONAPARTE

ET SUR LEURS ACCESSOIRES.

PAR UN OFFICIER FRANÇAIS.

PREMIÈRE PARTIE.

DE LA RADE DE CHERBOURG (1).

JE réponds à l'appel du Gouvernement, j'entends sa voix puissante et j'y joins la mienne toute faible qu'elle est.

D'autres, plus éclairés et plus heureux que moi, parleront en maîtres de l'état de notre Marine en général et des moyens de l'illustrer. Ils indiqueront les causes principales qui l'ont affaiblie depuis la funeste, mais honorable défaite de *Tourville*, en 1692. Ils sauront nous peindre les glorieux combats que nous avons

(1) Cette première partie, parut au mois de germinal an 9, sous le titre d'*Essai*.

tant de fois livrés aux forces divisées ou réunies des Bretons, des Bataves et des autres puissances de l'Europe.

Le Gouvernement Républicain ne manquera pas de rallier autour de lui ceux des braves officiers de mer qui, malgré leur excessive sensibilité dans leur disgrace, ont toujours su conserver un cœur français. Ceux-là n'ont jamais abandonné leur patrie; ils n'ont jamais été vus dans les rangs de nos ennemis; ceux-là savent bien que les talens qu'ils possèdent, le mérite des belles actions et des services rendus à leurs pays, sont bien au-dessus de tous les privilèges imaginables.

Une heureuse réunion de nos ingénieurs et de nos marins les plus distingués présentera bientôt un faisceau de lumières d'où partiront tout à la fois les règles sures et progressives de la construction navale et de l'architecture maritime, l'ordre et le plan des manœuvres et des évolutions de nos escadres ou de nos flottes devenues formidables. Nous emprunterons, s'il le faut de nos ennemis, nous perfectionnerons encore l'art de prévoir, de présenter ou de refuser, avec avantage, le combat. Bientôt l'exercice habituel réunira l'expérience à la théorie.

Le code de la marine militaire française, nous apprendra tout ce que les connaissances humaines peuvent atteindre en ce genre. Il laissera sans excuse tout officier vaincu par une force égale à la sienne ; quant aux leçons de la bravoure et de l'intrépidité, la France est dispensée d'en donner à ses enfans. La nature, l'amour de la gloire et l'exemple des leurs ont assez fait pour eux.

C'en est trop pour moi que d'offrir ici quelques notions, que ma position actuelle m'a mis à portée de recueillir sur un des points les plus importans de nos côtes de la Manche. J'ose appeler de nouveau l'attention du Gouvernement sur la *Rade de Cherbourg*, la seule que la nature et l'art ayent préparée dans cette partie maritime, pour nos succès contre les îles Britanniques.

A l'extrémité septentrionale de la presqu'île du Cotentin, dans le département de la Manche, se trouve une baie profonde, au centre de deux promontoires qui semblent menacer l'Angleterre. Elle est placée presqu'en face de l'île de *Wigt*, de *Portsmouth*, des rades de *Spithéad* et de *Sainte-Hélène*, toutes situées sur le canal trop fameux qui nous partage. Les deux parties latérales de cette presqu'île intéressante, se prolongent dans la mer, d'un côté, depuis les Veys jusqu'au Raz de Barfleur, et de l'autre, depuis l'embouchure du Coësnon, dans la baie du Mont-Saint-Michel, jusqu'au Cap de la Hague.

De Cherbourg, on voit, pour ainsi dire,

le dénuement, on entend la plaintes des infortunés prisonniers français, qui, plus hardis que sages, ont été chercher des fers à Port-chester, chez une nation impitoyable.

Ce sont ces fers qu'il faut aller briser. Ce sont des lauriers dorés qu'il faut aller cueillir chez ces fiers insulaires, qui pourront nous forcer à les conquérir encore une fois, mais non pas à venger, sur leurs malheureux prisonniers, les durs traitemens qu'il font essuyer aux nôtres.

Généreux Français, en cinq heures, en huit heures au plus, vous pouvez, dans un moment donné par le ciel, vous précipiter de Cherbourg en Angleterre *sur des vaisseaux de tous les rangs*. Les vents vous donneront alors des ailes pour fondre sur vos ennemis, ou le secours des avirons vous fera bientôt nager jusqu'à eux.

La France en général, par sa position sur les deux mers de l'Océan et de la Méditerranée, a reçu de la nature des rades importantes, des havres surs et commodes, et différens ports de premier ordre, qui sont le rendez-vous habituel de nos forces navales et de celles de nos alliés.

Mais la question qui se présente ici et que je ne peux qu'effleurer, nous fixe particulièrement sur les côtes du canal de la Manche, cette ligne de démarcation qui sépare la France de l'Angleterre et qui semble les diviser encore plus d'intérêts et de prétentions.

La Grande Bretagne a sur ce bosphore trop fameux, ses premiers ports et ses principales rades. Nous cherchons au contraire sur la Manche, depuis l'île d'Ouessan jusqu'à Dunkerque, une seule rade capable de recevoir et d'expédier à la fois assez de vaisseaux de ligne, de tous les rangs, pour en former une armée qui, plus considérable, ferait craindre l'excès et la confusion, et qui moins nombreuse, suffirait encore pour repousser et pour attaquer les tyrans des mers. C'est à ce sobre et sage résultat que se sont bornés les vœux et les recherches de nos plus habiles marins.

En vain la mer et la nature avares de leurs richesses, en certains endroits, semblent-elles, en d'autres, les répandre avec profusion; en vain *la Havanne* peut-elle renfermer dans son port jusqu'à mille vaisseaux. Les ports des deux Grandes *Carthagênes* n'ont jamais vu la dixième partie des armemens qu'ils pourraient contenir. La beauté, la capacité de celui de *Rio-Janério*, ne sert qu'à relever la gloire de *Dugay-Trouin*, qui sut s'en emparer, au milieu de ses quinze à vingt forts, avec quelques vaisseaux, dont la plupart ne vaudraient pas nos frégates d'aujourd'hui. Enfin, la rade *Danton-Gil*, la plus vaste et la plus sure du monde, sera peut-être à jamais inutile au monde entier.

Sur tous les élémens, les forces humaines, les sciences et les évolutions militaires ont leurs bornes, ainsi que les masses qu'il s'agit de faire mouvoir. Le désordre est presque toujours la suite d'un trop grand nombre, et les conquêtes elles-mêmes, comme les autres succès éclatans, sont, en majeure partie, dus à des armées plus disciplinées que nombreuses, et dirigées par la sagesse et la modération, comme, par le génie de leurs chefs.

Que la France conserve en activité les grands ports qu'elle possède sur les deux mers, et qu'elle y divise à propos ses forces et l'attention de ses ennemis. Mais qu'elle ait dans la Manche un point de réunion et de relâche où ses simples escadres, ses forces navales actuelles et jusqu'à cinquante ou soixante vaisseaux de ligne puissent, au besoin, séjourner ou partir à volonté pour faire respecter son pavillon, protéger son commerce et celui de ses alliés, indiquer un asile aux forces maritimes du Nord, dont la Manche est le rendez-vous et le point de communication le plus essentiel, pour fonder enfin à perpétuité sur les mers, la liberté, la neutralité désirées par presque toutes les nations.

Ce point de réunion et de sûreté est *la rade de Cherbourg*. La nature l'avait creusée, l'art a su la fermer pour toujours à nos ennemis et nous en assurer exclusivement le précieux mouillage. Mais ce sont les gens de l'art qu'il faut entendre à cet égard ; eux seuls peuvent en développer comme en garantir les avantages.

Il faudrait lire en entier le mémoire du savant et brave capitaine de vaisseau, la Bretonnière, dressé par ordre de M. de Sartine, ministre de la marine en 1777, et celui du même auteur, relatif à la vérification des sondes de la rade de Cherbourg, ordonnée au mois de Juillet 1789. Ces deux mémoires ont été imprimés à Cherbourg, chez le cit. Clamorgam, et réunis en un seul cahier. Nous n'en indiquerons que la résomption générale.

La surface de la rade, dit cet officier de marine distingué, (page 41), *propre à recevoir des vaisseaux au mouillage, est d'un million deux cents mille toises environ, au moment de la plus basse mer, vive-eau. Elle acquiert beaucoup d'étendue et de facilités pour les mouvemens, à la mer haute et à mi-marée.*

Le fond de cette rade, dit-il ailleurs, *est doux et bon pour l'ancrage des vaisseaux. Il remonte insensiblement vers la terre et varie de 9 à 4, au plus bas de l'eau, à mesure qu'on s'éloigne ou qu'on se rapproche de la côte ; on sait assez que ce brassiage est le plus propre à donner aux ancres la meilleure tenue possible,*

J'établis, ajoute le cit. la Bretonnière,

(page 42), comme un fait incontestable, que dans la majeure partie de la rade affectée au mouillage des vaisseaux de premier rang, on trouvera 32 à 42 pieds de profondeur au moment de la plus basse mer, vive-eau possible, et que cet emplacement est plus que suffisant pour contenir tous ceux qui font partie d'une armée.

J'établis (page 52), comme fait certain, que la rade telle qu'elle est, peut contenir 55 à 60 vaisseaux, indépendamment d'un nombreux convoi, moyennant l'ordre établi et les moyens que j'ai indiqués à l'article du mouillage.

Il suffira d'observer, disait ailleurs le même auteur, que 4600 sondes environ, ont été faites pour vérifier la profondeur et la qualité du fond de la rade de Cherbourg, et que chacune de leur position a été déterminée par deux graphomètres à la fois, seul et unique moyen d'obtenir le dégré de précision et d'exactitude qu'on pourrait désirer et qu'on peut supposer dans une opération, dont les détails ont été dirigés par M. Meunier, de l'accadémie des sciences et lieutenant colonel au corps royal du génie.

Nommer cet excellent officier, c'est rappeller ses talens, ses ouvrages et ses ingénieuses inventions.

Enfin, disait encore l'auteur des mémoires que nous citons : on peut s'étayer de l'opinion

de M. de Vauban. Ce maître de l'art....... pré-
fère Cherbourg à tous les autres points de la
Manche, attendu sa position audacieuse et la
facilité d'y réunir tous les objets relatifs à
l'établissement d'une Rade et d'un Port, dont
il a fixé l'emplacement dans une prairie ache-
tée à cet effet, et connue depuis ce temps sous
le nom de Pré du Roi. Il appelle Cherbourg,
l'Auberge de la Manche. Nous parlerons bientôt de ce port et de son emplacement, dont
le choix a toujours été confirmé par tous ceux
qui en ont pris connaissance.

Un ministre de la marine, ami des arts et
des sciences qu'il a toujours cultivés, beaucoup plus distingué par ses talens que par la
place éminente qu'il occupe, s'est aussi pro-
noncé, il y a long-tems, en faveur de la rade
de Cherbourg. Sa dissertation, aussi profonde
qu'éloquente, a été recueillie dans le Diction-
naire de l'Encyclopédie, par ordre de matière,
articles Ports. C'est-là qu'on peut la voir et la
méditer.

Les avantages que le savant ingénieur trouvait alors dans la rade de Cherbourg et dans
sa position, sont fondés sur la nature et sur
des faits inaltérables, ses craintes sur les travaux qu'on y a fait depuis 1783, ne se sont
pas toutes réalisées.

Il demeurera toujours vrai, comme il l'a si
bien exprimé, que la baie de Cherbourg fixait

depuis long-tems l'attention de tous les marins,
et qu'un fond égal, d'une excellente tenue, y
assure le mouillage des vaisseaux............ C'est
un poste avancé d'où l'on pourra toujours dis-
tribuer la protection la plus assurée pour les
convois qui doivent être répartis dans nos dif-
férens ports.

En 1783, on fit les premières tentatives des
procédés que M. *de Cessart* voulait employer
pour fermer, au large, la rade de Cherbourg,
qui, de ce côté, se trouvait battue par les
vents du Nord.

La nature y attendait le génie pour lui servir de guide, elle lui montrait à l'*Est*, *l'Isle-*
Pelée, cette roche nue, qui présentait à l'architecture une assise immuable. En 1784, le
fort actuellement appelé National, y fut construit à 2922 mètres environ (1500 toises),
de la côte et de la redoute de Tourlaville,
d'une manière aussi solide que ses bases.

A l'Ouest de ce fort, entre la pointe de
l'île et l'extrémité orientale de la digue ar-
tificielle qui ferme la rade, se trouve une
passe de 974 mètres environ (500 toises),
sous la protection immédiate de trois batteries du fort. Sa profondeur n'est pas la même
sur tous les points.

De ce chenal, la digue devait d'abord être
prolongée, en ligne droite et oblique, jusqu'à la pointe du *Hommet*, formée au Sud-

Ouest *de l'Isle-Pelée*, par un autre rocher sur lequel on a fondé le fort *dit de la Liberté*, qui devait battre une seconde passe projettée sous ses murs par lesquels on avait commencé.

Mais la digue actuelle, qu'on appellait d'abord digue d'essai, et dont les cônes ne devaient être *que l'appui ou le noyau*, réussit si bien dans la suite, que les pierres jettées à la mer, entre les cônes, sur un fonds de sable fin, s'y enfonçaient et s'y consolidaient d'elles-mêmes, de manière à n'y former qu'un seul banc. On s'apperçut que sur cet encaissement naturel, qui s'étendait progressivement avec son élévation, les pierres qu'on y ajoutait prenaient par leur tassement, jusqu'à fleur d'eau, une position stable dont la solidité devait augmenter par l'introduction successive de différens intermédiaires dans les ouvertures de leurs joints.

Ce fut alors que, pour augmenter l'étendue de la rade fermée, on prit la résolution de porter directement la digue de l'*Est* à l'*Ouest* vers le *Nez de Querqueville*, éloigné de l'*Isle-Pelée* de plus de 6039 mètres environ (3100 toises). On réduisit de beaucoup le nombre des cônes jugés moins utiles à la solidité de l'ouvrage, mais on finit par établir sur la pointe de *Querqueville* les fondemens d'un troisième fort, dont le développement est plus étendu que celui des deux autres. Sa chemise ou enveloppe, avec ses casemates, sont terminées et renferment des batteries formidables.

La longueur de la digue, telle qu'elle existe aujourd'hui, est d'environ 3702 mètres (1900 toises), et présente au large une légère courbure ou la forme d'un angle extrêmement obtus vers sa partie Orientale.

Le fort construit sur la pointe du *Hommet* est le plus rapproché de Cherbourg, et se trouve à peu près à une égale distance des deux autres. Il peut croiser ses feux avec ceux des batteries de l'*Isle-Pelée* et des batteries du *fort de Querqueville*. C'est ce que n'ont point examiné ceux qui n'en voient pas toute l'utilité. La ruse ou la témérité de l'ennemi qui s'introduirait dans la rade par la passe de l'Ouest, la plus large et la plus usitée, lui deviendrait funeste. Ce qui l'arrêtera toujours, c'est qu'il serait alors forcé de venir au devant des coups directs ou d'écharpe des batteries du fort de *la Liberté*, et de présenter lui-même ses vaisseaux à l'*enfilade*. Cette situation rappelle dans toute la force du terme, *la Redoute de granit au milieu de la plaine liquide*, et il serait impardonnable de n'en avoir pas profité (1).

(1) Un officier de Marine, distingué par sa bravoure et par ses lumières, appelait ordinairement le *Fort Li-*

C'est donc entre la digue, les trois forts et l'avant port de Cherbourg, que sa rade présente, en tout tems à la basse mer, et jusqu'après le reflux, un mouillage sûr, d'un millon deux cents mille toises environ d'étendue aux vaisseaux de ligne de tous les rangs, avec l'emplacement nécessaire pour y recevoir en outre, à des distances convenables, deux à trois cents autres bâtimens destinés aux transports ou convois.

Le plan horisontal de cette rade, des différents points qui en ont été sondés, de leurs distances respectives et jusqu'aux échantillons en essence, de la nature de son fonds et de ses divers mouillages, existe dans les bureaux de la Marine de ce port. Ce ne sont pas ici de vaines expressions, ce sont des faits constatés par le travail précieux et approfondi des officiers de la Marine et du Génie.

On espérait, disait en parlant des travaux de la digue, l'Auteur de l'article du recueil encyclopédique que nous avons indiqué, *que la*

---

berté, le Gardien de la rade de Cherbourg. L'opinion qu'il en avait s'est trouvée bien vérifiée lors de la prise de la frégate anglaise *la Minerve.* On entendait souvent, dans la nuit du 13 au 14 Messidor an XI, les boulets de ce fort frapper la frégate. A la pointe du jour, dix à douze mille témoins les voyaient arriver à ce bâtiment, et marquaient les coups par leurs applaudissemens.

*végétation d'une infinité de coquillages lieraient
ensemble ces corps amoncelés au hazard, il
paraît que ces idées se réalisent pour la partie que la mer ne découvre jamais. Le succès
n'est pas le même dans la portion comprise entre
les laisses de haute et basse mer, au contraire,
l'écoulement des eaux par les vides laissés
e* tre les pierres les délave et diminue de jour en
jour leur connexion.*

...teur craignait encore que, dans un
laps de tems qu'il déterminait alors par con-
jecture, et qu'il appréciait sur des expériences
analogues, le bois et le fer des caisses coniques, sans en excepter la partie toujours
submergée, ne vint à dépérir et n'occasionnât
à la digue elle-même des dommages considérables.

Ces réflexions dictées par la sagesse et la
prévoyance la plus circonspecte, ne ressemblent en rien aux déclamations outrées que
la prévention ou l'intérêt particulier ont fait
hazarder à d'autres, contre la rade de Cherbourg.

Avant même que les grandes houlles eussent
fait disparaître la partie des cônes égale ou
supérieure au niveau de la mer, on ne craignait pas de prédire, comme la recueilli le
cit. la Bretonnière, *que les travaux entrepris
dans cette rade la perdraient ou l'avaient déjà
perdue. L'action de la mer devait abaisser le*
sommet

sommet des digues de 15 pieds en contre-bas,
les pierres devaient être dispersées par un mouvement de l'Est à l'Ouest ; elles devaient combler la passe du fort Royal dit aujourd'hui
National, couper les cables, faire toucher les
vaisseaux et les perdre.

Ces hypothèses, disait-on en 1789, bien loin
d'être justifiées par une expérience de 4 ans,
restent aujourd'hui dépourvues de toute espèce
de vraisemblance. Que n'aurions-nous pas
droit de dire après quatorze années d'epreuve ?
Mettons les faits à la place des conjectures
et des préventions.

La digue dite d'épreuve, répond d'une manière irrécusable, lit-on dans le mémoire du
cit. la Bretonnière (page 53). Elle est res-
tée à 3 et 4 pieds au-dessus du niveau des
plus basses mers, vives-eaux, et les pierres
sont couvertes d'un varech si épais que l'eau
la plus claire, qui permet de voir à 20 pieds
de profondeur, ne laisse pas appercevoir une
seule pierre sur le talus extérieur, ce qui prouve
incontestablement qu'elles n'ont aucun mouvement.

Le talus intérieur, ou vers le Sud, se conserve à 45 degrés, et est également couvert
de varech. Il est tel, qu'au moment de la basse
mer on pourrait y abattre un vaisseau en ca-
rène, et, à moins de 50 pieds du sommet de
la digue, on trouve le fond naturel de la rade
et de sable fin.

2

La grosse houlle (page 55), amenée par les vents du large, est absolument détruite au moment de mer basse, et même à mi-marée ; les vaisseaux y jouissent alors de la même tranquillité que dans les rades les plus fermées.

En mer haute, le tangage est sans incon-vénient pour les vaisseaux. Au grand abaisse-ment des marées, le tangage est nul et la mer pareille à celle d'un bassin.

Il est aujourd'hui constaté, pour tout homme impartial, qu'outre les fondemens profonds que la digue, par son propre poids et son tassement naturel, s'est creusée dans le sable, elle a perpétuellement sous les eaux 32 pieds d'élévation, que ses blocs placés en talus s'y soutiennent d'eux-mêmes ; que le goêmon ou varech et les autres plantes marines se sont attachées à toutes les pierres extérieures et internes, jusques dans leurs moindres inter-valles et leurs pores imperceptibles, avec la tenacité, la force et la beauté qui leur est propre ; que les coquillages de toute espèce s'y sont établis en familles et s'y multiplient aisément. Enfin, cette grande masse immer-gée, *sans coupures* et *sans affouillemens*, forme une barrière impénétrable, un banc fixe dont la solidité se perfectionne tous les jours,

Cette digue, ainsi fondée par le génie, dans un emplacement favorable, ferme déjà la rade de Cherbourg, qui, dès-lors, n'est plus une *rade foraine*, puisqu'il n'est pas permis aux vaisseaux étrangers ou ennemis d'y jetter l'ancre à volonté. Ses deux passes défendues par des forteresses aussi rares que solides, sont placées sur deux points opposés, d'une manière si avantageuse, que, comme on l'a très-bien dit avant nous, *par le vent qui bat directement l'une, l'autre devient praticable.*

Il était bien impossible d'établir, à pierres perdues, une digue de cette importance, sans que, pendant le travail, quelques-unes d'elles fussent jettées ou entraînées hors de la ligne. Il fallait bien que, pour faciliter le transport des cônes, les extrémités des pièces de charpente qui formaient leurs bases et leur élévation, excédassent le niveau des caisses et leurs paremens extérieurs. C'est cet excédent, ce sont ces hors-d'œuvres des caisses coniques qui ont été recépés. Les lames et la main d'œuvre ont encore rasé toute la partie des cônes qui s'élevait au-dessus de la basse mer. Mais tous ces tronçons, ces débris, ainsi que les pierres jettées hors de l'alignement, ont été recueillis avec soin, de manière que la drague le suit dans toutes ses parties, et passe sur le fond de la rade au pied de la digue, dans tout son prolongement, sans rencontrer aucun obstacle.

A mesure que le bois et le fer des caisses

coniques dépérissent, les pierres dont elles étaient remplies et environnées de toutes parts, en prennent insensiblement la place. Quelques parties des cônes se sont pétrifiées, et les blocs succèdent immédiatement à toutes les autres.

Quant à la portion comprise entre les laisses de haute et basse mer, que les marées couvrent et découvrent alternativement, on a judicieusement remarqué que sa solidité ne paraît pas la même, et que l'écoulement des eaux par les vides des pierres doit diminuer leur connexion. Cependant l'expérience a prouvé jusqu'ici, qu'il ne s'était fait aucun éboulement dans cette partie supérieure, depuis que le corps entier de la digue à été enveloppé et couronné par des pierres et des blocs de grand échantillon. La base considérable de la jetée se trouve si solidement établie, que les pierres de son sommet, quoiqu'isolées en quelques points, s'appuyent réciproquement, en beaucoup d'autres, pèsent constamment les unes contre les autres et se soutiennent immuables.

Mais l'imperfection passagère du haut de la digue, n'entrait point dans le plan définitif de son inventeur. On conserve, à Cherbourg, une note de sa main, consignée par lui dès le 22 Juin 1786, à la suite d'un extrait de l'article précieux de la nouvelle édi-

tion de l'encyclopédie que nous avons cité.
Nous nous croyons obligé de la copier littéralement.

*M. F..... ignorait alors , que M. de Cessart
avait proposé dans son projet , présenté à M
le Maréchal de Castries , le 11 Novembre 1781 ,
de terminer toute la partie supérieure des
cônes excédente à la basse mer , en maçonnerie de pierres de taille de granit , avec mortier
de poussolane , et que la charpente des caisses ,
dans cette partie , n'était destinée qu'aux manœuvres de l'immersion et à donner le tems à
cette maçonnerie de prendre corps , pendant 20
ou 30 années qu'elle pourrait durer. C'est d'après
ces principes de solidité que le Roi a bien
voulu approuver le projet et qu'il a fait l'honneur de le répéter à M. de Cessart.*

Il est essentiel d'observer ici que , tout près
de la rade de *Cherbourg* , la nature à placé
vers l'*Est* , à *Fermanville* , une carrière de
granit abondante et voisine de l'anse de même
nom , qui présente un commode embarcadère
et la plus grande facilité pour le transport
des pierres. C'est de ce granit , qu'avec le
simple mortier de chaux et de sable et quelques jointures de poussolane , ont été bâtis
les trois forts qui défendent la rade de Cherbourg. Leurs fondemens difficiles à jetter sur
des bases souvent immergées , ne s'en conservent pas moins inaltérables. Mais il fallait

tous ces avantages réunis pour fermer cette rade dans la Manche, et c'est sur ce point unique de nos côtes qu'ils se trouvent créés et rassemblés.

De quelque manière, au reste, qu'on veuille couronner le talus de la digue, qui doit encore être exhaussée de quelques pieds, il n'en sera pas moins vrai, comme le disait M. F.... en 1786, que, *lorsque cette grande digue sera parfaite, la marine trouvera devant Cherbourg, une rade capable de recevoir l'armée la plus formidable que la France puisse espérer de jamais mettre en mer, avec les convois et les transports nécessaires pour les expéditions les plus importantes.*

Il n'est pas moins vrai que, *dans son état actuel*, cette rade offre un mouillage sûr pour 50 à 60 vaisseaux de ligne ancrés et placés, suivant leur rang, dans les positions qui leur conviennent, d'après les sondes constatées et vérifiées, dont nous avons parlé.

Rien ne prouve mieux la sagesse du choix qui a été fait de la rade de Cherbourg, pour y former un établissement de marine nationale du premier ordre, que les avantages qu'elle peut procurer malgré son imperfection actuelle. Par l'interruption des travaux de la digue, jamais la partie supérieure qui terminé son talus n'a reçu, dans toute sa longueur, l'exhaussement qui lui était d'abord destiné jusqu'au niveau de la basse mer. Dans une grande étendue, elle s'élève de 3 à 4 pieds au-dessus de l'eau, mais elle se trouve au-dessous d'elle en plusieurs endroits; il existe même un point où la passe du centre, qui avait été aussi projettée, n'a pas été entièrement fermée. Rien ne devait influer davantage sur le dépérissement de la digue, que cette solution, ce défaut de continuité sur le même alignement. C'est par-là, que la houlle venant du large devait trouver prise, elle devait même y causer des dommages considérables. Ce mal ultérieur n'est heureusement point arrivé. La digue de pierres s'est conservée sur tous les points telle qu'elle a été consolidée. Tout homme incrédule ou prévenu, peut, en la voyant, revenir de ses erreurs ou éclaircir ses doutes, dès qu'il cherchera, de bonne foi, la vérité (1).

L'interruption de son couronnement n'a pas empêché que le vieux *Triton* n'ait été constamment au mouillage, à son abri, pendant

(1) Ceux qui voudraient connaître les détails et les époques des différens travaux faits à Cherbourg, ainsi que l'établissement des commissions auxquelles ils ont donné lieu, et des décisions qui en ont été les suites, peuvent lire *la Notice de la Marine, à Cherbourg, pour l'an 5,* et une autre *Notice* intitulée: *Détail impartial de ce qui s'est passé à Cherbourg, depuis 1778, jusqu'en 1791, par le citoyen Noël,* alors Maire de cette Commune.

cinq années, et que le *Brillant*, autre ancien vaisseau de ligne, n'y ait mouillé pendant dix années consécutives, sans éprouver aucun évènement, sans recevoir la moindre avarie.

Toute la France a pu voir en 1786, une escadre de 22 voiles de la marine, dite alors Royale, mouiller et manœuvrer avec aisance dans la rade de Cherbourg. Avant cette époque et pendant les travaux de la digue, *plusieurs lignes de bâtimens*, dit le cit. la Bretonnière, *ont été disposés pour la conduite des caisses coniques. Ces bâtimens étaient mouillés de 100 toises en 100 toises , sur des ancres de 3 à 4000 ; ils étaient placés au Nord, entre la roche Tenàre et la Digue , pendant des stations de deux à trois mois, et cependant les ancres n'ont jamais chassé, jamais aucun cable n'a été coupé sur le fonds de la rade.*

Il ne s'agit donc pas ici d'épreuves à faire, elles sont constatées il y a long-tems. Le Gouvernement, au reste, qui est au-dessus des petites passions et qui ne considère que le bien public, ne manquerait pas de les ordonner, si elles étaient utiles.

Que serait-ce donc, si la crête du talus, étant continue, ne formait qu'une seule ligne droite à la surface des eaux ? elle amortirait alors et repousserait uniformément les vagues. Que sera-ce, lorsque la digue parvenue à l'élévation projettée fera, comme les forts déjà

bâtis

bâtis, blanchir contre ses masses, les grosses houlles devenues perpendiculaires et impuissantes ?

On cite, avec complaisance, quelques malheurs arrivés dans la rade de Cherbourg, à des bâtiments ordinaires, produits par des coups de vent violens. Cette objection part d'un point maritime dont l'abord est fameux par ses naufrages.

Mais combien de havres précieux ne serait-on pas obligé d'abandonner, si quelques évènemens particuliers suffisaient pour les décrier ? La plupart des ports de l'Angleterre ne mettent pas toujours ses vaisseaux à l'abri des coups de vent, des abordages et des autres accidens qui en sont les suites. La rade de *Brest*, elle-même, n'inspirerait plus autant de sécurité qu'elle le fait, si, au lieu de considérer sa bonne tenue habituelle, on se bornait à rappeller les dommages de toute espèce, que différens navires y ont essuyés, et la perte entière du beau vaisseau de ligne *le Républicain*.

Quelle foule de témoins oculaires n'a pas vu *la frégate la Furieuse* passer, *à Cherbourg*, de ses chantiers dans le bassin provisoire et en sortir avec ses agrès et sa mâture, pour entrer en rade où elle a mouillé pendant deux mois consécutifs de l'hiver dernier. Plusieurs coups de vent impétueux, qui produisaient ailleurs des accidens sans nombre, ne lui ont pas causé le moindre dommage. Elle s'est immédiatement rendue de *Cherbourg* à *Brest* où, comme bonne voilière, elle n'a cessé d'être en activité. C'est de cette frégate qu'on affectait de dire et d'imprimer que son séjour dans le bassin de Cherbourg, l'avait arquée, rompue et mise hors de service. C'est avec la même exactitude qu'on a publié que les frégates en général, les corvettes et autres bâtimens fins ne pouvaient y séjourner sans être exposés à s'y rompre, et que la frégate *la Carmagnole* n'avait pu trouver, à *Cherbourg*, les moyens de se réparer. Des milliers d'individus y ont vu faire cette réparation entière contre la chaussée de la pointe *du Hommet*, cela n'a pas empêché qu'on ait doublé cette frégate en cuivre dans un autre port, mais c'est à Cherbourg qu'on double actuellement toutes celles qu'on y construit.

La Furieuse a été lancée de la cale ordinaire, qui se trouve à *l'Ouest* de l'avant-port; *la Guerrière*, l'une des plus belles frégates de notre marine, a été construite et lancée à l'une des cales de *l'Est*, d'où l'on peut actuellement en mettre à flot deux à la fois.

Entre la pointe *du Hommet* et le fort *Galet*, tout près de ce dernier, se trouve l'emplacement le plus convenable pour établir des cales et des formes propres à la construction

des vaisseaux de ligne , elles seraient voisines
du chenal qui forme naturellement l'entrée
du vaste port qui a été projeté par *Vauban*,
dans des prairies souvent inondées. *Cette entrée se présente bien* , disait le ministre habile
dont nous avons parlé,

On a eu raison d'observer qu'il ne fallait
pas se décider en faveur du port de *Cherbourg*,
sans examen , et que les différentes commissions ont dû prononcer en connaissance de
cause.

Jamais aucune opération importante n'a été
précédée de méditations plus sérieuses , ni entreprise après des discussions plus sévères ,
mieux approfondies, plus souvent vérifiées par
les maîtres de l'art , et aussi solidement ap-
puyées par les suffrages des hommes célèbres.
Nous pourrions y joindre le témoignage des
étrangers eux-mêmes. On a fait entendre que
ces suffrages avaient éprouvé quelques con-
tradictions et que des hommes *recomman-
dables* étaient d'avis différent. Mais quel est
l'homme de bien , le projet utile qui ne trouve
pas des contradicteurs ? Le bien est si difficile à faire. Sans connaître les artistes qui
n'auraient pas donné la préférence a la baie
de *Cherbourg*, nous devons d'avance justifier
leur intention et croire à la pureté des motifs qui les déterminaient. Mais aussi , qu'il
nous soit permis de ne point adopter les er-

5 *

reurs qui leur sont échappées et de leur opposer les décisions du Gouvernement, l'expérience
et les lumiéres des officiers de Marine et des
Ingénieurs du premier ordre, *les faits sur-
tout* et la vérité toujours imprescriptible.

Il importait sans doute fort peu de quel
lieu partiraient les sources de l'augmentation
et de la prospérité de nos forces navales. Mais
enfin, il fallait choisir la baie la plus sure
et la plus commode pour leur restauration et
pour leurs succès dans la Manche.

La Baie *de la Hougue* était de tout tems
considérée pour son étendue, elle etait devenue fameuse par les différens combats de
1692 où le Maréchal *de Tourville*, vainqueur
des Anglais et des Hollandais réunis, pendant *deux jours*, avec des forces inférieures
de moitié, ne put trouver un abri pour ses
vaisseaux désemparés. Il fut obligé de les brûler lui-même ou de les abandonner aux vaincus.

C'est le souvenir de cette époque trop célèbre qui faisait désirer un port *à la Hougue*.
Sa rade fut long-tems présentée depuis les
années 1776 et 1777, jusqu'en 1781, en opposition et en concurrence avec celle de *Cherbourg*, comme un lieu propre à un grand établissement de Marine dans la Manche. Des
commissions, dans lesquelles nos savans Ingénieurs figurèrent, furent établies pour examiner tous les projets connus, avec les offi-

ciers de Marine les plus distingués. Tout ce que *la Hougue* offre d'avantageux, fut mis alors dans tout son jour ; MM. *Defourcroy*, *Grognard*, *Lambert*, *la Bretonnière* et autres hommes éclairés, discutèrent les avantages et les inconvéniens respectifs des différens ports indiqués et soumis à l'examen. Les rapports furent faits au conseil d'État du Roi, sous les ministères de MM. *de Sartine* et *de Castries*, et tout se réunit pour convaincre le Gouvernement que c'était *à Cherbourg*, que le grand Port de la Manche, devait être établi, ce qui fut ainsi décidé.

Il fut reconnu dès-lors, ce qui sera toujours vrai, que la rade de *la Hougue*, plus vaste, mais moins avancée vers le canal que *celle de Cherbourg*, était encore beaucoup moins sure et moins commode pour l'entrée comme pour la sortie des vaisseaux. Quoiqu'elle soit à l'abri *des vents du Nord*, celui de *N.-N.-E.*, qui souvent est le plus violent, et les autres vents jusqu'au *S.-E.*, y soufflent directement, y battent en côtes et sont les plus dangereux.

Devant cette rade, les eaux se précipitent, *à toutes les marées*, dans les Veys et y forment, *depuis Barfleur*, un courant dangereux, appelé le Raz *de Barfleur ou de Gatteville*. Pour doubler le cap de ce nom et pour éviter les courans rapides du flux et reflux qui ne

cessent d'être agités, il faut que les vaisseaux trouvent un vent assez frais pour les
en éloigner et pour les élever à une grande
distance. *Un tems mou* les expose à toute l'activité de ces courans. Les bas-fonds du Bessin
et du Cotentin, le banc *du Bec* qui se pro-
longe, sous l'eau, devant la rade, à une lieue
de distance et sur un tiers de son ouverture,
les Isles Saint-Marcouf qui se présentent vers
le Sud, sont autant d'écueils sur lesquels le
vent ou le Raz peuvent les porter. Le retard
souvent occasionné par les bordées à courir
dans une position aussi difficile, s'évalue, par
les marins, à neuf heures de marche environ.
Que d'occasions perdues alors pour attaquer
ou pour se mettre à couvert !

C'est précisément ce qui causa, dit le cit.
la Bretonnière, *la funeste journée de la Hougue. La défaite de Tourville, fut un triomphe,
et les seuls courans du Raz de Barfleur, joints
au calme qui survint, causèrent la perte de
son avant-garde, et la dispersion du reste de
son armée qui ne put gagner le mouillage de
la Hougue et s'y embosser, devant l'ennemi,
comme le Maréchal l'avait projeté. Quelques
vaisseaux seulement purent l'atteindre et furent
obligés de faire côte, n'étant pas soutenus par
les autres.*

Cette époque, ajoute-t-il, devait exclure la
Hougue de la concurrence pour un port, par

les difficultés dont sa rade est environnée , *et
qu'aucuns moyens ne peuvent faire disparaître.*

Cette rade ne peut jamais être fermée. Elle
présente, entre l'île *Tatihou* et les îles *Saint-
Marcouf*, une ouverture de 13 Kilomètres 22
Décamètres (3 lieues). Elle offre encore entre
ces dernières îles et les bas-fonds du Bessin,
une passe de 8 Kilomètres 81 Décamètres environ (2 lieues), traversée par les courans
des Veys. Tous ces passages sont dangereux
et rendraient souvent inutile le port qu'on
pourrait établir au fonds de la baie (1).

La construction récente du phare de *Gatteville*, vers Barfleur, si remarquable par la
beauté et la solidité de son architecture, ne
sert qu'à démontrer la nécessité d'éviter dans
ces parages , les naufrages qui n'y sont que
trop fréquens.

*De la rade de Cherbourg, au contraire, une
flotte entière, une armée peuvent sortir en
même tems. Elles sont en pleine mer, aussitôt*

(1) *Nota.* Nous ne mettrons pas au nombre des inconvéniens de la rade *de la Hougue*, l'occupation actuelle des ilots *Saint-Marcouf*, par les Anglais. Ce
point a trop long-tems été méprisé. Mais quand on le
voudra , les ennemis en seront honteusement chassés.

Nous parlions ainsi au mois de germinal an 9 , époque à laquelle la dernière guerre subsistait encore entre
la République française et l'Angleterre qui abandonna
ces îles après le traité d'*Amiens*. Le Gouvernement français les fait mettre en état de défense.

qu'elles sont en dehors des jetées, et leurs manœuvres ou leurs mouvemens ne sont embarrassés par aucun écueil ou danger.

Des raisons aussi solides et fondées sur des faits constans, portèrent la conviction dans dans des esprits éclairés. Les maîtres de l'art, les Officiers - Généraux de la Marine, les Ministres et le Conseil - d'Etat se décidèrent, dans toutes les circonstances, pour un grand établissement Maritime à *Cherbourg*.

Mais la ressource des partis vaincus et des faiseurs de projets rebutés, est de les présenter sans cessé sous de nouvelles faces, et de remettre en question ce qui a été le plus solennellement décidé. Lorsqu'ils ne peuvent plus rendre leurs idées plausibles, ils attaquent avec hardiesse celles des autres qui ont été adoptées, ils élèvent de nouveaux doutes sur la certitude des faits et des motifs qui avaient paru déterminans, ils parviennent du moins à faire interrompre, et quelques fois à décrier les entreprises utiles qui leur déplaisent.

Ce fut, sur-tout, en 1789, qu'on s'efforça d'allarmer de nouveau le Gouvernement, en alléguant avec affectation, que la rade *de Cherbourg*, manquait de profondeur, et ne présentait pas assez d'espace au mouillage des gros vaisseaux. Deux nouvelles commissions furent nommées à cette occasion, elles

opérèrent

opérèrent séparément et se tinrent mutuellement lieu decontrôle.Les résultats furentles mêmes pour la profondeur de la rade et pour l'étendue du mouillage , ils furent constatés dans le
plus grand détail, à la fin des mémoires du
cit. *la Bretonnière*, d'après les procès-verbaux
qui en avaient été dressés. C'est sur ces procès-
verbaux et sur l'inspection du local, que nous
avons fondé nos assertions incontestables.

Les travaux reprirent alors une nouvelle activité, jusqu'en l'année 1792, en laquelle une
commission d'Ingénieurs et de marins fut encore établie pour les examiner. Son rapport satis-
faisant était accompagné de moyens propres
à perfectionner la digue qui fut continuée
jusqu'en l'an quatrième de la République,
occupée depuis long-tems , par l'aggression
de ses ennemis, à faire respecter, à force
de victoires, ses lois et sa liberté.

L'une des commissions précédentes fut composée de douze Officiers-Généraux de mer, et
présidée par le Bailli de *Suffren*, dont le nom
rappelle tant de talens, de combats et de
victoires.

Est-il étonnant que la plupart des savans
Ingénieurs qui ont la confiance du Gouver-
nément, joignent leurs suffrages à ceux des
grands hommes qui les ont précédés, bien
moins par respect pour leurs noms, que par
la force des motifs qui les ont déterminés:

c'est à eux qu'il convient d'entreprendre un ouvrage que nous pouvons à peine ébaucher. Notre essai n'est pour eux qu'un éveil donné à leurs talens, une invitation de communiquer leurs lumières, de rectifier les erreurs, et d'indiquer les moyens de perfection dont la grande entreprise, qui nous occupe, est susceptible.

Il est, sans doute, bien d'autres ports, sur nos côtes de la Manche, intéressans ou célèbres.

Port-Malo rappelle l'énergie de ses habitans et leur munificence envers le Gouvernement, sous Louis XIV, l'habileté de ses marins, dont l'un découvrit le premier la NouvelleF-rance, la naissance de *la Bourdonnaye*, celle de *Duguay-Trouin*, qu'il suffit de nommer pour illustrer sa patrie; la position de cette commune sur une presqu'île environnée d'îlots et de rochers qui sont autant d'écueils pour ses ennemis, la rendent infiniment précieuse. L'Anglais, autrefois dans son dépit, ne crut pouvoir vaincre tant d'obstacles à ses projets de destruction, que par l'invention d'une machine dite infernale. Elle ne servit qu'à manifester sa passion haineuse et son odieuse impuissance.

Pourquoi *Port-Malo* n'a-t-il pas autant de moyens d'attaque que de défense? Que n'offre-t-il un mouillage propre aux vaisseaux du premier rang? Mais on parlera long-tems avec étonnement de l'introduction longue et pénible du vaisseau le *Téméraire*, près du *Mont-Marin*, dans l'embouchure de la *Rance*.

Granville n'a pas une grande étendue, mais les marins instruits et laborieux s'y trouvent proportionnellemet en plus grand nombre que sur aucun autre point de la France maritime. C'est le port le plus occidental de la presqu'île du Cotentin dont il e st une des clefs Les bâtimens de pêche et de commerce y sont en activité, mais il n'a d'autre rade que celle de *Cancale*, dont il n'est pas éloigné. L'importance de sa position au pied d'un rocher, sur lequel la ville est en partie construite, fixa l'attention de l'armée des Vendéens rebelles; ils l'attaquèrent avec fureur en l'an deux de la République, ils y furent repoussés avec perte; les habitans de *Granville* et des communes voisines donnèrent alors, en général, des preuves signalées de bravoure et de patriotisme.

A l'autre extrémité du canal de la Manche, la naissance et l'intrépidité de *Jean Bart*, nous appellent à Dunkerque, port fameux par ses disgraces autant que par le courage et l'industrie de ses nombreux navigateurs; c'est ce port intéressant, que l'ancien régime était plusieurs fois convenu de combler et de dégrader autant qu'il était en lui, sous les yeux et par les ordres d'un impérieux commissaire Anglais; il n'était pas un Français étranger aux intrigues de la Cour et aux fautes de l'ancien Gouvernement, qui ne sentit vivement cette espèce d'humiliation et qui ne désirât s'en affranchir,

Le port de Dunkerque n'a malheureusement point de rade fermée, si ce n'est par des bancs de sables mouvans, sur *lesquels la mer se déploie et forme une barre très-dangereuse.* Nos ennemis sont encore récemment parvenus à s'introduire furtivement dans cette rade ouverte et sans défense extérieure.

Par des travaux dignes du célèbre *Vauban*, commencés en 1671 et finis en 1685, on réussit en quatorze années, à recevoir à Dunkerque des vaisseaux de ligne, dans un bassin de flot.

Calais a été rendu célèbre par l'histoire d'un seul des sièges qu'il a soutenus ; il rappelle sans cesse aux Bretons, par sa proximité de leur territoire, la dureté de leurs monarques et le généreux dévouement des habitans de ce port Français, à leur patrie (1); mais il n'offre pas de mouillage aux bâtimens du premier ordre, et c'est aussi le défaut du port de *Boulogne*, patrie du brave *Thurot*.

---

(1) Les citoyens de *Calais* n'ont pas dégénéré de leurs ancêtres : lorsque le Premier Consul a visité leur arrondissemement, le 17 messidor an 11, il a remarqué le bon ordre qui s'y trouvait établi, le patriotisme et l'enthousiasme de ses habitans; il leur a donné un témoignage public de son contentement.

Les pierres qui viennent de l'éboulement des falaises, ou côtes escarpées, du département de la Seine-Inférieure, en comblent successivement les ports.

On a dit à cette occasion, avec autant de précision que de vérité, *que celui de Dieppe était encore plus maltraité par les alluvions, que le Havre. C'est dans le port même et contre les jetées que les galets s'accumulent et forment des dépôts qui réduisent le chenal au tiers de sa largeur première. Tous les efforts qu'on a fait juqu'à présent pour les arrêter, ont été inutiles. Une seule marée faisait plus de mal que le travail de mille hommes ne faisait de bien. Ajoutez à cette malheureuse situation, que l'entrée du port est difficile à saisir, par les vents regnants, et que les navires qui la manquent se perdent presqu'inévitablement à côté des jetées.*

Dieppe fournit à la France ses premiers navigateurs ; ils nous apportèrent des côtes d'Afrique, le morfil et le poivre de *Malaguette*. Ce furent eux qui découvrirent les *Canaries*, ces îles dites fortunées, et quelques savans les considèrent comme les premiers Européens qui soient parvenus en *Amérique*. Les environs de *Dieppe* ont donné naissance au célèbre *Duquesne*, l'un de nos plus illustres marins. Les pêcheurs infatigables de ce port et leur travail industrieux sont d'une grande

ressource pour la Capitale et pour la France
entière. Puissent - ils joindre à la pêche du
hareng, celle de la baleine, plus difficile encore et plus hardie ! Ils semblent y être ap-
pelés, ainsi que les pêcheurs de Granville,
par les vues profondes et sages d'un homme
de lettres distingué, dans le nouvel ouvrage
qu'il vient de publier à Rouen (1). Les lieux
favorables à la pêche de la baleine se multiplient chaque jour avec les découvertes modernes. Elle exige, elle augmente l'adresse,
la force et le courage avec la science de la
navigation. Quelle pépinière de marins habiles et intrépides ne se formerait pas à cette
école !

Mais achevons de fixer le mouillage propre
à recevoir les escadres qui doivent protéger
immédiatement la pêche et le commerce français. C'est à cet emplacement précieux que doit
être perfectionné le plus nécessaire de nos
grands établissemens maritimes.

Le Havre-de-Grâce si intéressant par l'étendue de son commerce, par l'industrie de ses
habitans, par le nombre et la belle confor-
mation de ceux du pays de Caux en général,
ne l'est pas moins par sa position sur l'embouchure de la Seine qui le place dans le voisinage de Paris et de Rouen, villes florissantes

(1) Le cit. Noël, dans son Tableau historique de la
pêche de la Baleine.

à tant de titres. Ces deux capitales réunissent, dans une proportion égale à leur population, les arts, les sciences, les talens, le négoce et les spéculations, les manufactures et les richesses qui sont éparses dans la plupart des autres villes.

Mais cette heureuse situation ne suffit pas pour former un port du premier ordre, où les vaisseaux de tous les rangs puissent trouver, à chaque instant, un mouillage sûr, et se réunir au besoin dans une rade close et fortifiée.

Le Ministre habile dont nous avons indiqué l'intéressante dissertation, y est entré dans le détail des avantages et des inconvéniens du port *du Havre*, et de leurs causes principales. Il faut en juger d'après les expressions littérales de l'auteur.

L'entrée de ce port, qui était naturellement dirigée au Sud-Ouest, se trouve maintenant dirigée à l'Ouest. Un banc de galet qui s'étend le long de sa jetée, a obligé de donner diverses inflexions au canal que sa pointe recouvre encore de jour en jour.

L'auteur explique ici l'origine de la formation des galets, qui n'est autre que l'éboulement et le déplacement des pierres qui composent en partie les falaises ou côtes élevées dont nous avons parlé, et que le mouvement des vagues arrondit avec le tems.

Le déplacement de ces galets ne peut pas être considérable, parce que l'action des vents tend toujours à rejeter les alluvions sur les rives et jamais à faire courir ces alluvions paralellement aux rives. Mais le premier de ces mouvemens seul suffit pour former un banc et boucher un port dont l'entrée est toujours fort étroite. C'est ce qui arrive au Havre, et c'est ce qui arriverait encore quand on couperait, comme on l'a proposé, la côte de Caux, par des épis très-prolongés dans la mer. On n'a pas remédié à cet inconvénient par le prolongement des jetées; il n'a fait, comme à Bayonne, que reculer le banc ou la barre, mais elle n'existe pas moins, et l'entrée en est seulement devenue plus difficile. Il n'y a qu'un seul moyen de la nétoyer, c'est d'employer des chasses fortes et bien disposées.

On en avait pratiqué plusieurs en construisant les fortifications de la place. Il existe au pied de la tour de François I.er, trois pertuis de sept pieds de large ; ils sont séparés par des piles tracées obliquement pour raccorder la direction de la chasse avec celle du chenal. L'écluse de la barre, placée sur la chaussée qui conduit de la ville à la citadelle, est plus grande et mieux placée ; des vannes pratiquées dans les portes du bassin, peuvent encore dans quelques circonstances, ajouter à l'effet des écluse. Mais tous ces moyens sont trop foibles,

parce

*parce qu'il n'y a pas de retenue suffisante et
que les pertuis sont trop loin de la tête des
jetées. M. de Vauban voulut augmenter le volume des eaux en pratiquant un canal de Harfleur au Havre, dans lequel on conduirait la
rivière de Montivilliers; ce canal a été percé,
puis abandonné: il est à moitié comblé : tel
est l'état actuel du Havre. Son entrée est très-
dangereuse, son avant-port est peu profond et
assèche à toutes les marées; il a cependant
l'avantage précieux et rare de conserver la
mer pleine environ trois heures, ce qu'il doit
aux remoux de la Seine qui soutiennent les
eaux du jusant.* (1)

Autrefois l'ancien bassin du Havre, *occupé
presqu'entier par la marine de l'Etat,* ne pouvait être d'une grande ressource pour le commerce; mais depuis peu, les bassins s'y sont
multipliés au point qu'on y en compte déjà
trois et qu'on prétend y en avoir au moins
cinq, *où l'on contiendrait à flot plus de* 400
*navires à la fois, sans compter le port où les
bâtimens d'échouage sont à l'abri.*

Puisse cette belle et florissante commune
voir augmenter encore sa prospérité, et recevoir les accroissmens dont elle est susceptible! Puisse-t-elle ne s'appuyer dans ses projets
et dans ses prétentions que sur les leçons

(1) *Nota.* Cet avantage lui-même n'a jamais lieu,
lorsque le vent est d'*Aval.*

de l'expérience, les lumières de ses marins
distingués et sur les sages réflexions de tant
de négocians du premier ordre qu'elle renferme dans son sein! Pour l'intérêt même de
leur cité, ces notables personnages pensent
et disent avec énergie qu'il ne faut pas, sur
ce point intéressant, forcer la nature ni substituer à d'heureuses spéculations de grands armemens impossibles. Cette impossibilité n'est que
trop démontrée pour tout homme impartial.
Quelque nombreux que soient ou doivent être
les bassins *du Havre*, ils ont tous leur entrée
comme leur issue, par l'avant-port, qui, de
notoriété publique, *est peu profond, assèche
à toutes les marées, et dont l'accès est très-
dangereux.* Cet avant-port est si peu sûr, que
les bâtimens s'y perdent quelque fois dans les
coups de vent; et que d'habiles marins sont
obligés de les y abandonner pour les voir se
briser contre les jetées.

Dans une *dissertation* imprimée, *sur le port
du Havre*, en l'an 8, on voit avec peine quel-
quelques personnalités adressées à ceux qui
avaient parlé de Cherbourg avec intérêt, à
des hommes que leur caractère public, leurs
travaux, leur mérite, leur expérience et leur
patriotisme ont rendu respectables. Ce n'était
pas les productions de pareils hommes qu'on
devait se promettre de *pulvériser.* Quelque
soit l'objet de nos réflexions, nous ne nous

attacherons ici, qu'à constater les faits et à
réfuter ce que nous considérons comme des
erreurs.

Les procédés employés pour parvenir aux
avantages qu'on espérait tirer de la confec-
tion du *bassin de la Barre*, l'un de ceux du
Havre, n'ont pas tous été couronnés du succès.
Nous nous abstiendrons de parler des accidens qu'ils ont occasionné; mais on a été
forcé d'avouer que les espérances qu'on avait
conçues, *supposaient incontestablement qu'on*
viderait le port et même qu'on le creuserait de
quelques pieds, et que le jeu continuel des dif-
férentes écluses n'y permettrait pas d'y séjou-
ner à l'entrée : ce sont les expressions de
l'auteur.

Toutes ces opérations supposent elles-mêmes
des obstacles souvent insurmontables. Il est
tel emplacement où les plus fortes écluses
ne pourraient pas renvoyer en six mois les
pierres ou les sables que deux seules marées
y apportent. Quand elles produiraient assez
d'effet pour éloigner à une certaine distance
les matières affluentes, ces corps nuisibles
s'accumulent bientôt un peu plus loin, forment
des barres et présentent des écueils.

Ces inconvéniens existent depuis long-tems
à l'entrée du port du *Havre* et s'y accroissent
journellement. Les cailloux du *perret*, par
exemple, étaient encore, il n'y a guère qu'une

année, à plus de 38 mètres (ou 20 toises) de la jetée du Nord; ils la joignent aujourd'hui et se trouvent à son niveau. ils ne cessent de s'amonceler d'une manière effrayante en dedans de cette jetée, ils y forment déjà des bancs dangereux. Chacun sait d'ailleurs que les matières de toutes espèces se réunissent également contre la jetée du *Sud-Est* (1)

On a souvent, observé d'un autre côté, que les eaux de la mer abandonnent avec le tems, certains rivages qu'elles baignaient autrefois avec assez d'abondance, pour y former des ports célèbres d'où sont parties des flottes destinées aux plus grandes expéditions,

Mais pour ne parler que des rives qui avoisinent le *Havre*, le port de *Harfleur*, qui n'en est qu'à un myriamètre vers *l'Est*, est devenu depuis long-tems impraticable par les alluvions qui l'ont comblé. Les eaux de la *Lézarde* qui s'y rendent en venant de *Montivilliers*, n'ont pu prévenir cet événement. Nous avons vu dans quel état est malheureusement réduit, par la même cause le port de *Dieppe*; puissent les travaux ordonnés par un gouvernement élcairé, riche et bienfaisant, y maintenir au moins en activité les bâtimens de commerce de tous les ordres, puisque la nature seule peut préparer un asile aux vaisseaux des premiers rangs.

(1) *Naturam expellas furcâ, tamen usquè recurret.*

Au reste, quand le nombre des bassins du *Havre* se multiplierait d'avantage , quand nos vaisseaux de guerre actuels pourraient y parvenir sans obstacles, il y faudrait encore une rade dont on pût fermer l'accès aux ennemis.

Le mouillage de la grande rade doit être excellent, il ne peut être que très-commode puisque, pour preuve de sa bonne tenue, on assure que les vaisseaux Anglais y ont séjourné pendant plusieurs mois consécutifs avec la plus grande sécurité.

Nous le demandons au corps respectable de la marine française, aux marins de toutes les nations, c'est-à-dire, aux juges irrécusables de la question; peut-on présenter comme une ressource, contre nos ennemis, une rade qui leur est ouverte aussi bien qu'au premier occupant, et dans laquelle le plus fort est toujours sûr de dominer? Une pareille rade n'est-elle pas plus nuisible qu'avantageuse à ceux qui l'avoisinent? N'est-elle pas la *vraie rade Foraine*, d'après sa définition littérale?

Mais, a-t-on ajouté, nous avons, en outre, *une petite rade qui est en dedans de tous les bancs, et qui a toujours de 16 à 20 pieds d'eau dans les plus basses marées. On y est à l'abri de tous les vents, excepté celui de Sud-Ouest et Ouest. Elle est fermée par un banc de roches nommé l'Eclat , sur lequel on a projeté* de faire une île factice, dont l'effet serait de servir d'abri, à des escadres, d'écarter, à coups de canon, les ennemis de notre baie, et dont la dépense ne sereit point excessive....... Si l'Eclat devenait une île, les vaisseaux de guerre pourraient s'embosser sous la protection des forts, et, de mer haute, entrer dans le port de l'Eclat et même dans notre petite rade.

L'intérêt qu'on prend au lieu qui nous a vu naître, produit souvent des erreurs et des préjugés ; mais quelques louables qu'en soient le motif ou la cause, il en est qui n'ont pas besoin de réfutation.

Quel paradoxe que celui qui présente la création d'une île sur une roche comme possible, *sans une dépense excessive* ! Enfin, quelle ressource pour une escadre, que celle de pouvoir s'embosser sous la protection des canons, placés sur un ouvrage de cette conséquence, comme à l'abri d'un batterie de côte ou d'un simple risban ?

La perspective qu'on présente aux vaisseaux de guerre, qui pourraient, dit-on, *en mer haute*, entrer dans le port de l'Eclat, et même dans la petite rade, n'est certainement pas consolante.

D'abord, une escadre est ordinairement composée de cinq bâtimens de guerre au moins, et ce qu'on appelle le port *de l'Eclat et la petite rade*, ne peuvent pas recevoir plus de deux ou trois frégates à la fois, le local propre à les y recevoir, n'est, à proprement parler, qu'une fosse, et s'appelle effectivement la *fosse Sainte-Adresse*. Le reste du mouillage n'est propre qu'aux barques et aux péniches.

Il ne resterait donc, à cet égard, aucune ressource ni pour un plus grand nombre de frégates, ni à plus forte raison, pour les vaisseaux de ligne.

En second lieu, les frégates elles-mêmes ne peuvent pas mouiller dans la petite rade, l'orsque le vent est S.-O. et O., parce qu'alors le tangage et l'agitation qu'elles y éprouvent, les font toucher habituellement au fond de la rade.

Toutes ces vérités incontestables n'ont pas empêché, qu'en parlant du *Havre*, on ait imprimé cette phrase remarquable : *Que n'y a-t-on employé les soixante millions, déjà perdus à Cherbourg, et les travaux sur l'Eclat, la perfection de tous les bassins, en auraient fait, sans y songer, un des grands ports maritimes dont on jouirait actuellement.*

N'est-ce point réellement sans y songer qu'on se livre à de pareils systêmes, qui ressemblent de si près à un songe ?

Les travaux de *Cherbourg*, n'ont pas, à beaucoup près, occasionné la dépense qu'on juge à propos de fixer à son gré, et la plupart de ces travaux subsisteront pendant des

milliers de siècles, pour l'honneur de la France
et pour le désespoir des Anglais (1).

C'est par eux qu'une digue de 3767 mètres
(1933 toises, 2 pieds quelques pouces de longueur), ferme au *Nord*, vers la Grande-Bretagne, une rade qui contient un mouillage,
de 4,555,490 mètres 80 décimètres carrés,
(1,200,000 toises de surface) propre aux vaisseaux de ligne de tous les rangs, au moment
de la basse mer, sans parler de celui qui
suffit aux bâtimens de commerce et de transports, dont l'étendue est considérable. Cette
digue doit être exhaussée d'environ 3 mètres
et demi.

Nous avons encore vu que trois forts dignes
de ce nom, défendent les passes et l'accès
intérieur de la rade. Leur extraordinaire solidité, leur construction ingénieuse, leur position sur des fondemens inébranlables, fa-
vorablement disposés par la nature pour protéger la rade entière, les rend intéressans et
précieux.

Tels qu'ils sont, les ouvrages faits à Cherbourg, peuvent aujourd'hui mettre en sûreté
une armée navale de 50 à 60 vaisseaux de ligne,

_____

(1) Plusieurs articles du journal officiel, de l'an neu-
vième, ont analysé tout ce qui était relatif à la rade *et*
au port de Cherbourg, sans en excepter le prix des ouvrages faits jusqu'alors : il n'était pas porté à trente-
quatre millions.

sans

sans les accessoires, et c'est par opposition
à un local aussi important, qu'on aurait voulu
voir employer soixante millions à la confec-
tion de nouveaux bassins inaccessibles aux
vaisseaux de guerre, proprement dits; et à
la création d'une île, sous laquelle ils pourraient s'embosser dans une rade ouverte.

Tout bon *Français* désirerait trouver, dans
chacun des ports de *la Manche*, quelque soit
leur dénomination, une rade propre à la réunion de nos forces maritimes. Mais pour quelles
puissent y séjourner, s'y introduire et en sortir à propos, il fallait nécessairement trouver encore le moyen d'en exclure les ennemis.
Voilà ce qui a toujours décidé les hommes
de l'art et les chefs du Gouvernement à placer
à *Cherbourg* un grand établissement national.

La prévention contre ce port a quelquefois
été poussée si loin, au préjudice du bien public
et de la vérité, qu'on a mis en thèse qu'il
manquait d'ateliers, de magasins, d'ustensiles
et des autres objets nécessaires au service :
on ajoutait qu'il serait impossible d'y équi-
per une frégate.

Comment ceux qui n'ont pas vu le local
pourraient-ils se persuader que des hommes
d'Etat, des citoyens estimables ont poussé
l'inattention jusqu'à faire imprimer de pareils
faits, et à les annoncer à la France entière,
sans les avoir vérifiés.

6

Hé bien, quand ces accessoires seraient décisifs, Cherbourg mériterait encore, à cet égard, la préférence.

L'emplacement de l'Arsenal de la Marine est divisé du port par un quai fermé; il présente dans son ensemble quatre grandes cours également closes, environnées de bâtimens distribués avec intelligence et terminées par des chantiers et des cales de construction.

Ce local occupe une surface de 254 ares (6700 toises carrées). Il renferme, outre le magasin général et ses bureaux, ceux du commissaire des approvisionnemens, du contrôle et des armemens, de la direction des mouvemens, l'artillerie, les pompes, la menuiserie, les cordages, la voilerie, la salle d'armes, la coutellerie, la ferblanterie, l'atelier de peinture, ceux du charonnage et de la tonnellerie, la garniture, la pigoulière, les forges, la poulierie, l'avironnerie, la salle des gabarits, celle des modèles, l'atelier des gournables et tous les objets utiles au service, la plupart distribués avec un ordre qui a souvent mérité des éloges, (1)

Le chantier du quartier de Chantereyne est un autre établissement qui sert de parc aux bois de construction. Il renferme d'autres

(1) Voir la notice de la Marine à Cherbourg, pour l'an 5 de la Rpublique.

magasins d'une grande étendue et contient une superficie de 987 ares quatre-vingt-trois centiares (26000 toises carrées).

La corderie seule, dont les rouets sont couverts et qui est abondamment fournie de tous ses ustensiles, occupe 245 brasses de longueur sur onze de largeur , pour le *filage* et le *cométage*.

Les salaisons qui sont toujours en activité pour une partie du service des grands ports de notre marine nationale, occupent un magasin d'environ 109 mètres (56 toises) de longueur sur une largeur proportionnée. Cet objet essentiel de subsistance se trouve à Cherbourg de la plus excellente qualité.

On voit encore dans ce vaste emplacement qui , vers l'Est, n'est partagé de la mer que par une chaussée, des scieries couvertes, des forges , des fonderies, des magasins aux fers, aux planches, aux chanvres, aux fils, aux cables, des espaderies , des peigneries, et toutes les dispositions nécessaires pour agrandir ces objets , presqu'à volonté. (1)

Si nous avions, disent les voyageurs et les marins étrangers qui visitent Cherbourg, des

_____

(1) Les facilités qui se présentent à cet égard , sont d'autant plus heureuses que les établissemens actuels ne répondraient plus à l'importance d'un port militaire du premier ordre , dans le plan duquel on les a pourtant fait entrer avec autant de sagesse que d'économie.

terrains et des établissemens de cette espèce à portée de nos premiers ports, quels avantages ne saurions-nous pas en retirer, et comment a-t-on pu dire autant de mal d'un point maritime aussi important et aussi précieux ?

Leur étonnement, pour ne rien dire de plus, augmente encore lorsque leurs connaissances les met à portée d'apprécier la beauté de la *rade*, son mouillage et ses moyens de défense.

Au reste, malgré les préventions erronées et les prédictions indiscrètes qu'on avait cru devoir publier, les deux belles frégates, la *Furieuse* et la *Guerrière*, de chacune 44 à 46 pièces de canon, ont été construites, armées et équipées à *Cherbourg* avec tant de succès, qu'on a vu l'une essuyer en rade les violens coups de vent du mois de Nivose an huit, et l'autre l'ouragan du 18 Brumaire dernier, sans y recevoir le moindre dommage. La *Furieuse* sortit de la rade dès le 17 Pluviose de l'an 8, et la *Guerrière* en fit voile pour sa destination, le 28 Pluviose de l'an 9. Toutes les deux sont excellentes voilières et font aujourd'hui partie de nos escadres.

Nous ne devons l'avantage de les avoir rendues utiles, peu de tems après leur construction, qu'à la facilité qu'ont eu ceux qui les commandaient, d'attendre en sûreté, dans une *rade* hors d'insultes, le moment d'en sortir à propos. Ce sont les Français et non pas leurs ennemis, qui séjournent avec sécurité dans *la rade de Cherbourg*, et c'est là, sans doute, une preuve sans réplique de l'importance et de l'utilité des *ouvrages* qu'on y a fait.

Qu'on rapproche encore de cet évènement le séjour que les deux vaisseaux de ligne, *le Brillant* et *le Triton*, y firent avec succès pendant plusieurs années consécutives, et l'on sera convaincu de la bonté d'une rade, si heureusement soumise à toutes sortes d'épreuves. *La Libre* et *l'Indienne*, deux autres belles frégates, sorties, enfin, du Havre, où elles ont été construites, attendent, avec sûreté dans la rade de *Cherbourg*, au moment où nous écrivons, les vents qui doivent les conduire à leur destination ultérieure. Le mérite des officiers qui les commandent, la bravoure de leurs équipages, dont une jeunesse intéressante fait partie, ne font qu'augmenter le désir qu'on a de les voir encore échaper aux ennemis, contre lesquels ils ont manifesté, dans le danger, les plus généreuses dispositions (1).

(1) Au 24 germinal an 9, un vent violent et successif du N.-O., du N. et du N.-E, soufflait depuis trois jours à Cherbourg, et fournira une nouvelle preuve de la bonté du mouillage de sa rade.

La *Libre* et l'*Indienne* n'éprouvèrent, en effet, aucune espèce d'avarie dans la rade de Cherbourg, d'où

(54)

On a jugé à propos d'observer, qu'il s'est trouvé dans le parc du *Havre* plus de *trois millions de pieds cubes, de bois de construction*, et que c'était de là qu'on en transportait une partie sur des chasse-marées à Cherbourg, aux risques d'être interceptés par les croiseurs anglais. Cela ne doit-il pas, a-t-on ajouté, *dégoûter le Gouvernement de constructions, qu'on ferait au Havre avec plus d'avantage, et que l'intrigue seule a pu faire transporter ailleurs.*

Jusques à quand les affections particulières, les préjugés de localités, et de malheureuses rivalités, dirigeront - elles les efforts et les talens de quelques bons citoyens vers des systêmes qui, sans qu'il s'en apperçoivent, nuisent à l'intérêt public ?

C'est ici que j'ose solliciter l'attention du Gouvernement et invoquer sa justice. Oui, les chantiers du Havre regorgent de bois de construction, puisqu'on a cru peindre cette abondance, en disant qu'ils en étaient *bondés*. Il est encore vrai, qu'une partie de ceux qui s'employent à Cherbourg, vient de ce dépôt, et qu'à ce moyen les frais de transports, de déchargement et de rembarquement, doivent se multiplier, au point de pouvoir dégoûter le Gouvernement des constructions qui se font à Cherbourg.

elles sortirent de suite, à la fin de germinal an 9 : elles échappèrent aisément, sur ce point, à la vigilance des croiseurs anglais.

Mais ces bois, qui proviennent des forêts voisines de la Seine et des autres rivières, dont elle reçoit les eaux, sont pour la plupart transportés de Rouen au Havre, et pourraient l'être directement de Rouen à Cherbourg. Le plus grand nombre des marins employés au cabotage, préférerait la simplicité de cette dernière opération, qui, en procurant une grande économie, donnerait au service beaucoup plus d'activité. Il leur suffirait, pour cela, de prendre leurs marées à *Honfleur* ou à *Quillebœuf*.

Les bâtimens qui viennent de Rouen ont des chances à courir à l'entrée, comme à la sortie du *Havre* ; mais soit qu'ils partent d'un de ces points ou de l'autre, le surplus de la course, depuis le Havre jusqu'à Cherbourg, est toujours le même. On a d'ailleurs remarqué, que depuis long-tems aucun des navires chargés de bois, pour ce dernier port, n'a été pris par l'ennemi, quoiqu'il occupe les *Isles Saint-Marcouf* (1), parce que le cabotage peut et doit se faire le long des côtes.

Mais au lieu de s'appesantir sur les dificultés que présente le transport des bois de construction, ne pourrait-on pas aussi compter pour beaucoup, celles qui se multiplient pour les frégates construites *au Havre*, lorsqu'il

(1) Ceci s'imprimait au mois de germinal an 9.

s'agit de sortir du port et de se rendre dans une rade ouverte aux ennemis. Si on avait besoin de preuve, à cet égard, on la trouverait, trop surement, dans le long séjour que ces bâtimens sont obligés de faire dans les *bassins* où ils se trouvent réduits à une fâcheuse inutilité.

Que signifient donc des objections qui se tournent si puissamment contre les opinions erronnées qu'on soutient ?

Mais pour la prospérité de notre marine, ce ne sont pas seulement des frégates , ce sont des vaisseaux de ligne de tous les ordres qu'il convient de construire à Cherbourg , qui se trouve encore voisin de plusieurs forêts , telles que celles de St-Sauveur , de Néhou , de Neully , de Cérisy et de tout le pays du Bocage. De son bassin national , les vaisseaux passeraient immédiatement dans une rade *inaccessible aux ennemis*.

Ce grand bassin n'existe pas , disent avec vérité, ceux qui , contre l'évidence des faits, soutiennent que le port du commerce ne pouvait pas recevoir des frégates. Tout bon Français se rappelle avec peine ce fait important qui étonne nos ennemis autant qu'il les oblige.

Les troubles de l'intérieur de la République, les dépenses extraordinaires d'une guerre aussi longue que glorieuse, ont pu seuls retarder un ouvrage aussi essentiel. L'emplacement de

ce port primaire, marqué par la nature, re-
connnu par *Vauban*, adopté par les hommes
de l'art, se trouve entre le parc aux bois, les
terres qui avoisinent l'hospice de la marine
et celles qui bordent l'entrée du *fort de la
Liberté.*

Au Levant, ce terrain n'est partagé de la
mer, qui tend sans cesse à l'inonder, que
par une chaussée. Entre le *Roc-Nazer* et le
fortin du *Galet*, en face du *fort de la Liberté*,
l'entrée du chenal de ce bassin est en partie
creusée et naturellement indiquée.

Immédiatement au pied du même roc commence la rade proprement dite, et les criques
qui l'environnent semblent, avec les terrains
voisins, destinés aux ateliers, aux cales et
aux formes de construction. La mer y vien-
dra mettre à flot les vaisseaux, pour l'entrée
comme pour la sortie du port.

La confiance qu'inspire notre Gouvernement
actuel attirerait bientôt sur ce point les marins, les ouvriers, les bois, les agrès et les
autres objets nécessaires à la construction et
à l'équipement de nos flottes.

On a paru désirer l'état de la situation des
gens de mer et des ouvriers de l'arrondissement de Cherbourg.

Son tableau présentait au premier Fructidor an 8, un total de quinze mille quatre-
vingt-un hommes, dans lequel ne sont com-

pris que deux cent quatre-vingt-dix ouvriers de la marine. Que serait-ce donc si les travaux et la navigation y étaient remis en activité? (1)

Par-tout on peut creuser des bassins, mais le plus nécessaire, le premier de tous est, sans doute, celui qui doit se réunir a une rade dans laquelle nos plus grands vaisseaux pourront mouiller avec sécurité. Une pareille rade française est rare au contraire, elle est unique dans la Manche. Nous ne pouvons rien ajouter aux lois de la nature et au poids irresistible de l'expérience et de l'opinion publique, affermies depuis plusieurs siècles par la connaissance du local et par les observations des marins et des ingénieurs les plus éclairés. Qui pourrait se charger de faire abandonner un local aussi précieux, en bravant les murmures de ses contemporains et les justes reproches de la postérité?

Je ne vois parmi ceux qui gouvernent la République française que des hommes amis de la vérité, occupés à faire le bien et passionnés pour la gloire.

La vérité, pour les hommes libres et puissans qui veulent la connaître et qui la cherchent par eux-mêmes, perce bientôt les nuages

(1) Depuis la première impression de ce Mémoire, le quartier de Granville, le plus nombreux en hommes de mer, a été détaché de l'arrondissement de Cherbourg, dont il dépendait.

qui l'entourent. L'amour de la patrie, le génie qui les anime, leur donne assez d'élévation pour anoblir leurs idées, assez de probité pour épurer leurs affections particulières, assez de courage pour prévenir les faiblesses et les fautes qui seraient mises, un jour, au nombre des faits historiques.

Heureux les peuples qui peuvent choisir des chefs dont les talens extraordinaires et divers font également respecter, dans leurs mains, le glaive et l'olivier; leur plus grand mérite ne peut plus être que celui de la sagesse de leur administration et de la modération dans les succès.

Mais quelque soit l'éclat des exploits guerriers du républicain français, il lui reste encore une vaste et nouvelle carrière à parcourir. De toutes les parties du monde, s'élève un cri d'indignation contre les atteintes données au droit des gens, par une nation intolérante et trop fière de la prépondérance de sa puissance maritime. Tous les peuples desirent bientôt se joindre à nous pour conquérir, pour partager la liberté des mers et celle de tous les navigateurs. Pour alimenter le commerce des côtes et celui de l'intérieur, il faut nécessairement avoir une puissante marine nationale et une libre navigation *hauturière*.

Du bon ou mauvais choix d'un port primaire français sur le canal de la Manche, dépendent en grande partie la restauration, déjà trop tardive, de notre marine et la sûreté de celle des peuples amis qui viendront y chercher un asile.

Nos forces maritimes auraient reçu depuis long-tems une augmentation considérable si les bâtimens de guerre, retenus ailleurs par l'inconvenance du local, avaient pu profiter, dans une baie sûre, des vents favorables à leur sortie.

Ce ne sera pas non plus dans une rade ouverte que les escadres, parties des différens ports de l'Europe, sans pouvoir s'assurer de l'époque précise de leur arrivée, pourront se procurer un asile inviolable et opérer, au besoin, leur rassemblement.

Toutes ces explications portent sur des faits constans et semblent devoir tenir lieu d'une démonstration rigoureuse,

La France, pour mettre à profit les avantages qu'elle a reçu de la nature, n'a besoin que du coup d'œil du génie et de la présence du premier chef de l'Etat sur le point le plus intéressant de ses côtes boréales.

Chaque citoyen, il est vrai, l'appelle par ses vœux dans le canton qu'il habite, et se croirait particulièrement favorisé s'il pouvait voir de près un héros, communiquer en quelque sorte avec lui, graver ses traits dans sa mémoire et lui marquer sa reconnaissance, ne fut-ce que par l'épanchement de sa joie. Chacun se forme souvent du lieu de sa naissance des idées avantageuses, et désirerait que les magistrats du Gouvernement vinsent y laisser quelques traces bienfaisantes de leur séjour, ou du moins de leur passage. (1)

Dans l'impossibilité de satisfaire à tant de désirs, les premiers Magistrats se contentent de vivifier par leur présence les lieux et les établissemens les plus utiles au bien général, dont chaque particulier doit tirer avantage. Le vrai secret de l'homme d'état, est celui de se faire assez grand et assez estimable pour que chaque citoyen lui tienne compte du bonheur public, et se trouve heureux de le partager. De combien de chagrins personnels cette idée consolante ne peut-elle pas adoucir l'amertume!

J'ose donc aussi, pour l'intérêt public, m'adresser au chef d'une République puissante, active et jalouse d'entreprendre ou de

(1) Nous avons vu, sous le dernier de nos rois, une petite commune du *Roussillon*, (*Port-Vendres*), entretenir long-tems la France de l'importance de son port, qui n'avait que 60000 toises de superficie et qui s'était comblé, obtenir son rétablissement, et signaler sa reconnaissance par une pyramide.

Un homme instruit assure que, près de Cherbourg, la nature a produit une carrière d'Agathe, dont les premiers monumens seraient dignes de perpétuer la reconnaissance de ses hsbitans.

perfectionner tous les travaux utiles. *Le peuple Français veut une Marine*, vous nous l'avez dit en son nom, Citoyen premier Consul, dirigez, exécutez cette généreuse résolution ; si jamais vos regards, distraits un instant, cessent de considérer le monde entier, qu'ils se tournent vers le département *de la Manche.* Agrandissez et perfectionnez les moyens de franchir le détroit qui nous partage de l'Angleterre. Votre présence, sur les bords importans de cette ligne de séparation, suffira pour consoler ses nombreux habitans, pour etendre ses espérances et pour épouvanter nos ennemis.

Ils se rappelleront que *César* voulut terminer ses exploits guerriers par l'humiliation des Bretons insulaires. Si ceux-ci ne se contentaient plus du rang distingué que leurs lumières, leurs riches possessions et leur industrieuse activité leur assigne parmi les nations, ils comprendront bientôt que vous sauriez les empêcher de s'avilir jusqu'à devenir des forbans privilégiés. (1)

(1) Ne serait-ce point à Londres même et à Portsmouth, qu'il faudrait aller chercher les richesses de l'Inde et nos dépouilles enlevées contre les lois générales de la guerre. Comment Rome termina-t-elle la plus longue et la plus cruelle des guerres ? à Carthage.

On a parlé avec sévérité aux tribunes nationales contre le projet de détruire la *nouvelle Carthage.* Ce projet n'a peut-être jamais été formé. Les peuples sont depuis longtems avertis que, pour entretenir parmi eux l'énergie,

La France républicaine désire pourtant n'avoir plus à craindre les hasards des combats pour celui qui l'a tant de fois sauvée, et qui la gouverne avec tant de gloire. Elle sait que les compagnons de vos victoires, les Généraux formés par vos exemples, sont devenus invincibles à leur tour.

Comment aurions-nous d'autres sentimens puisque nous avons vu les étrangers et jusqu'à la plus nombreuse et la plus généreuse partie de nos anciens ennemis, partager nos alarmes sur votre sort, menacé par de basses et infernales machinations. Les habitans de la terre ont été justement effrayés du danger qu'avait couru celui qui doit éteindre toutes les haines et pacifier l'Univers.

Le territoire du Cotentin et des départemens qui composent la Basse-Normandie, fut toujours fécond en hommes illustres. Sans le céder jamais, à cet égard, aux autres parties du sol français, il a l'avantage particulier d'avoir produit des guerriers, dont les succès

l'exercice des talens et l'amour de la gloire, ils ont besoin de rivaux.

Mais, nos rivaux, il faut les vaincre, faut il se ressaisir de ce qu'ils ont injustement ravi, il faut mettre des bornes à leur despotisme maritime, et tout cela ne peut se faire qu'au milieu d'eux et de leurs richesses. C'est là que le Français vainqueur et généreux peut faire aimer jusqu'à ses succès, par une nation beaucoup plus juste que son gouvernement.

ont été le prélude d'une partie de nos victoires et de nos espérances.

Ce fut là, qu'au commencement de l'onzième siècle, les intrépides fils de *Trancrède-de-Hauteville*, prirent naissance (1). Cinq ou six d'entre eux, sous la conduite de *Guillaume*, leur aîné, se persuadèrent que leur association valait une armée. En *preux* chevaliers, ils résolurent de chercher des combats, de la fortune et de la gloire, au lieu de languir dans une oisiveté honteuse.

L'Italie, cette belle partie de l'univers, fut le théâtre de leurs premiers exploits. A la tête d'une poignée de leurs compatriotes, ils passent de la *Toscane* en *Sicile* et au territoire de *Naples*, attaquent et défont les *Sarazins* qui les dévastaient, deviennent princes de *Salerne* et de *Benevent*, souverains de la *Pouille* et de la *Calabre*, et fondent enfin le royaume de *Naples*, pour eux et leurs descendans.

Ce furent ces princes qui apprirent les premiers des *Vénitiens* qui étaient, dès-lors, *grands hommes de mer* et alliés des Empe-

(1) A Hauteville-le-Guichard, entre Coutances et Saint-Lo.

Nota. Puisque ceux qui ont écrit sur l'arrondissement des ports étrangers au département de la Manche, ont cru devoir parler des hommes intéressans qu'ils avaient produits; qu'il nous soit permis de faire valoir, à leur exemple, nos avantages à cet égard.

reurs

reurs d'Orient, l'art de combattre sur ce ter-
rible élément. Ils surent si bien profiter d'un
premier malheur en ce genre, qu'ils ne ces-
sèrent ensuite de donner des leçons à leurs
maîtres, qui furent forcés de les respecter.
Les *Guillaumes*, les *Roberts* et *Roger-Guischard*,
les *Tancrèdes*, les *Boëmonts* surent étendre au
loin leur domination et leurs exploits en *Syrie*.
Les noms des princes Normands, d'*Antioche*,
devinrent célèbres dans toute l'*Asie*.

Dans le même siécle, un souverain de cette
nation, *Guillaume*, dit le Bâtard, duc de Normandie, non moins illustre et plus heureux encore, mérita bientôt le nom de Conquérant. Il
sut se placer sur le trône d'Angleterre, auquel
il était appelé par le testament de l'un de
ses Rois. La seule bataille de *Battle* (1), que
Harold, son concurrent, perdit avec la vie,
lui assura la possession d'une couronne, dont
il sut augmenter l'importance par la sagesse et
la sévérité de ses lois, autant que par ses exploits militaires. Pourquoi faut-il qu'une nombreuse colonie des plus braves guerriers qui
l'avaient suivi, se soient établi dans la Grande-
Bretagne, devenue notre ennemie?

(1) *Guillaume* descendit près d'*Hastings* qui n'est pas
éloigné de *Battle*. Mais la bataille se donna près du
bourg de *Battle*, d'où elle a pris son nom : ce fut en l'an
1066. Il ne faut pas la confondre avec la bataille
dite d'*Hastings*, qui n'eut lieu qu'en 1263, entre
Henri III et ses Barons.

Tous ces *précurseurs* semblaient, dès-lors,
vouloir indiquer les contrées où nous devions
combattre, et les nations dont il fallait triompher.

Non loin de *Coutances* et près de l'embouchure de la rivière de *Sienne*, le Maréchal de
Tourville prit naissance dans la commune de
son nom. La malheureuse bataille de la *Hougue*,
impérieusement ordonnée par la cour, ne l'illustra pas moins que ses victoires.

Nous avons vu de nos jours, à la tête de
l'armée des *Pyrenées*, un chef du même pays,
digne des regrets que sa mort fit éprouver
par sa bravoure, son sang froid et la sagesse
de ses dispositions dans les combats (1).

Aussi grand par ses sentimens et ses vastes
conceptions, le célèbre *Abbé de Saint-Pierre*,
le bon, le véritable ami des hommes, naquit
au bourg de *Saint-Pierre*, entre *Cherbourg* et
Barfleur. Il pouvait, au tems où il vivait, se
prévaloir de la distinction de sa naissance,
mais aussi charitable, aussi philantrope que
le vénérable *Las-Casas*, il sut encore mieux

(1) Le Général *Dagobert*, né à la Chapelle-Enjuger,
près Saint-Lo.

L'Adjudant-Général *Houël*, était de cette dernière
ville; en rendant compte de sa mort au passage d'un
fleuve, le célèbre *Moreau*, son Général en chef, le signala comme un jeune Guerrier de la plus grande espérance. Combien de familles de ce lieu, ont les mêmes
motifs pour justifier leurs regrets.

apprécier les préjugés de toutes les espèces. Que n'a-t-il pu faire goûter ses leçons à tous les peuples, et voir, de nos jours, les progrès de ses principes, qu'un guerrier extraordinaire est peut-être à la veille de réaliser.

Ne viendrait-il jamais le moment de la paix universelle, qu'il a tant désirée, et dont il indiquait, avec tant de zèle, les bases et le bonheur. Rien, au moins, ne devrait empêcher actuellement l'établissement d'une paix générale entre toutes les Puissances de l'*Europe*.

Chacune d'elle vient d'essayer ses forces, et connaît celles des autres. Les chefs des plus grands Empires, les jeunes et respectés Monarques de l'Allemagne et du Nord, presque tous les Souverains de notre partie du monde, ont reconnu que chaque nation a le droit de faire ses lois. Ils se sont rapprochés d'une République aussi imposante par la sagesse et les lumières de son Gouvernement, les talens et l'activité de ses citoyens, que par ses victoires et sa population.

Paraissez, Citoyen, Premier Consul, à l'*audacieuse* extrémité de la presqu'île du *Cotentin*, vous y mettrez des bornes à l'ambition de ceux qui voudraient troubler encore l'heureux concert de toutes ces dispositions pacifiques; vous y trouverez de grands souvenirs, et vous y en laisserez de plus grands encore.

SECONDE PARTIE.

PORT BONAPARTE.

~~~~~~~~~~~~~

Les vœux des Nations étaient exaucés ; une paix générale, publiée sur notre continent, commençait à rétablir la confiance et les communications entre les Puissances de l'Europe. A l'imprudence des Gouvernemens qui avaient voulu s'opposer au torrent d'une révolution qui leur était étrangère, avaient succédé la décence des procédés, la dignité du langage, la sagesse des conseils, le silence des passions.

Le feu de la discorde fumait encore, mais il était concentré dans une île de l'Océan. En vain l'Angleterre voulait-elle lui faire de nouveaux sacrifices ; son or, teint du sang des peuples qu'il avait séduit, ne brillait plus avec le même éclat, la source en tarissait tous les jours, elle n'inspirait plus la même confiance. Les tergiversations, les menées, les débats étaient épuisés : la paix d'Amiens est solennellement jurée ; elle est scellée par l'approbation et par la joie des peuples, qui en donnent des marques éclatantes et extraordinaires (1).

Vains transports d'alégresse! Le feu de la guerre était sous la cendre; il se rallume. Les ennemis de la paix l'avaient dit publiquement; elle n'était pour eux qu'une trève, ou plutôt qu'un répit. Ils la reprochaient à leurs ministres comme une faute impardonnable; ils l'érigeaient contre eux en motif de destitution.

Ceux-ci s'intimident, négocient et ne se rassurent qu'en poussant eux-mêmes le cri de guerre. Ils osent prendre pour faiblesse la modération d'un premier Magistrat, rassasié de victoires, mais avide de toute espèce de gloire, jaloux, sur-tout, de faire le bonheur des peuples. Sa longue patience étonne les siens, elle aveugle leurs ennemis; elle est enfin mise à bout. Le Héros reprend son attitude guerrière : sa fermeté, sa sagesse, le dévouement des Français, leur concert, leur amour pour la patrie s'en augmentent. Toutes les mesures sont prises pour repousser l'insulte et pour confondre la perfidie.

La trompette d'Albion sonne en vain; ses alliés, au lieu de se rapprocher, se disper-

---

(1) Les Chevaux de la voiture du Général français Lauriston, qui portait la ratification du traité d'Amiens, sont dételés par le peuple de Londres qui la traîne malgré lui.

sent; les ... angers réclament leurs capitaux
morcelés et retardés par son infidélité; ses
propres enfans murmurent et se laissent traî-
ner au rendez-vous par des présseurs mercé-
naires. Les peuples asservis se révoltent, tous
ses sujets gémissent sous le poids accablant
d'impôts exorbitans, le monde entier réclame
la liberté des mers.

Ne devrait-elle pas suffire la voix unanime
des peuples pour commander la paix?

Mais la France renaissante essayait toutes
les espèces de prospérités. C'était un corps
robuste que les malheurs n'avaient point
abattu, que les fatigues n'avaient point épuisé.
Les combats avaient accru sa gloire, les succès
avaient prouvé sa modération, la fidélité de
ses alliés avait développé l'étendue de sa générosité.

Les arts, les lettres, les sciences, les expéditions commerciales reprenaient une nouvelle vie; leurs rélations extérieures étendaient
leurs branches et leur considération parmi les
peuples; le chef de l'État donnait à tous ces
mouvemens une direction heureuse et rapide.
Cet intéressant spectacle excita la haîne d'un
gouvernement jaloux, et voilà la cause mé-
prisable d'une guerre si récemment précédée
d'une paix solennelle.

Un peuple insulaire, composé des essains
et des colonies, de presque toutes les nations
de l'Europe, qui ont jugé à propos d'occuper

son territoire, ne cesse de vanter sa puissance maritime et son habileté dans les manœuvres de la navigation. Il est dans l'ordre des évènemens, que ceux qui ne peuvent communiquer que par mer avec les autres hommes, puissent, à force d'expérience acquérir, à cet égard, des connaissances particulières. Le besoin et la nécessité produisent quelque invention, et l'exercice quelque habileté. Dans toutes les parties du monde, les habitans des côtes maritimes, les sauvages insulaires, eux-mêmes, possèdent souvent seuls l'art de procurer l'accès de leur pays ou de naviguer dans leurs parages dangereux.

Mais l'étendue des côtes de la République française, sur deux vastes mers les plus fréquentées, n'est pas d'un tiers moins grande que celle des côtes d'Angleterre, d'Ecosse et d'Irlande réunies. Sa population est bien supérieure à la leur, et, malgré l'infériorité du nombre de ses vaisseaux, la marine française, en humiliant ses ennemis, s'est souvent illustrée par des exploits glorieux.

Les meilleurs ports et les havres les plus surs de l'Angleterre, placés sur ses côtes méridionales et dominant tout le nord du canal de la Manche, voilà l'avantage réel de sa position dont elle a tant de fois abusé.

Il fallait enfin mettre un terme à ses vexations et réaliser en France des projets dont l'exécution fut trop long-tems différée.

Au centre de la presqu'île du Cotentin et d'un développement ultérieur de plus de cent myriamètres ou de deux cents lieues de côtes, un Port national qui a reçu l'immortelle dénomination de BONAPARTE, va se joindre à la rade de Cherbourg, dans le canal de la Manche. Les premiers travaux de ce précieux établissement sont en activité. Pouvaient-ils commencer sous de plus heureux auspices ?

Les plans adoptés par le Gouvernement, et joints à son arrêté du 25 germinal an 11, sont, en majeure partie, le résultat perfectionné du travail de la commission établie par la loi du premier août 1792. *Ce travail,* a-t-on dit, avec justice, *peut être considéré comme un traité complet de toutes les parties de cette grande entreprise* (1).

Différentes adjudications relatives aux ouvrages déterminés ont été publiées par affiches, des appels ont été faits, d'après les ordres

_____

(1) Le 19 Floréal an XI, le citoyen Cachin, ingénieur en chef, directeur des travaux maritimes, aussi distingué par ses talens que par son urbanité, l'un des membres de la commission de 1792, accompagné des citoyens *Delorme*, ingénieur en chef, *Mandar* et *Eustache*, ingénieurs, et *Bonard*, ingénieur-constructeur, sont venu reconnaître l'emplacement du Port *Bonaparte* et fixer ses repères. Le citoyen *Père*, revenu de l'expédition française en Egypte, a remplacé le cit. *Delorme*, le cit. *le Tertre* remplace encore en cette partie, le cit. *Eustache*, qui dirige les travaux de l'arrière-bassin et les bâtimens du Port de Commerce.

des Ministres, par les Préfets de plusieurs departemens, aux ouvriers de tous les genres. Un grand nombre de travailleurs volontaires, pris dans les demi-brigades de la garnison de Cherbourg, s'honorent, à l'exemple des soldats romains, de contribuer à la prospérité de leur Patrie, en avançant les ouvrages d'un port déjà célèbre. Les ateliers sont nombreux, les approvisionnemens se font, les bassins et les fondations se creusent, des édifices commencent à s'élever, toutes les lignes se tracent et forment des reperes intéressans. D'habiles ingénieurs accélèrent et dirigent toutes les opérations avec autant de zèle que d'intelligence.

En quelques campagnes, un avant-port, un premier bassin et plusieurs formes destinées à la construction des vaisseaux de ligne et des frégates, peuvent être conduits à leur perfection.

Le complément de ces ouvrages nationaux doit-être un arrière-bassin, aussi étendu que les deux autres ensemble, et pouvant contenir seul vingt-cinq vaisseaux de ligne, bordant les quais, sans leurs accessoires. Tous les trois réunis formeront un port militaire digne du nom qui lui a été donné. Ce port sera disposé pour servir d'asile à cinquante vaisseaux de ligne au moins, indépendamment de tous ceux qui mouilleront en rade, au milieu d'un nombre indéfini de frégates et de bâtimens inférieurs.

L'exhaussement de la digue qui ferme la rade se continue. Les pierres de son couronnement seront d'un volume et d'un poids considérable. Quelques-unes d'elles pèsent cinq à six cents myriagrammes ou dix à douze mille livres. Cette digue présentera plusieurs points fortifiés et un abri sûr pour les vaisseaux de tous les ordres. C'est alors que la rade, elle-même, ne sera plus qu'un vaste bassin placé dans l'emplacement le plus favorable aux expéditions ou au refuge de notre marine. Qu'on ne nous accuse pas d'exagération : ceci n'est que le résultat essentiel des avantages du local et des plans qui s'exécutent. La simple vérité peut offrir avec intérêt l'esquisse d'un tableau dont le fond est riche par lui-même.

Du côté du levant, les deux premiers bassins, dont le second servira d'avant-port, placés de suite entre deux forts déjà construits, seront séparés de la rade par une jetée revêtue de granit. L'une des extrémités de ce môle s'appuyera, vers le Nord, contre le fort Liberté, l'autre ira se terminer, au Sud, contre le roc *Nazer*, qui n'est partagé du fort Galet, que par un chenal naturellement creusé dans le roc.

C'est ce chenal qui formera l'entrée de l'avant-port, d'où les vaisseaux pourront s'introduire, soit directement dans l'arrière-bassin qui sera le port principal, soit dans le bassin du Nord, au moyen d'une écluse.

Ainsi des trois bassins qui doivent compléter le Port *Bonaparte*, les deux premiers seront disposés, vers la rade, sur une même ligne et divisés entr'eux par un terre - plein portant écluse de communication. Le troisième, aussi grand que les deux autres, derrière lesquels ils sera placé, contiendra la moitié du paralellogramme qu'ils formeront ensemble. Leur surface entière sera d'environ vingt-quatre ares ou de six cents toises carrées. Toutes les parties de ce Port national seront bordées de quais magnifiques, distinguées par des terre-pleins réguliers, alimentées par une route centrale, ornées de tous les édifices relatifs au genre de service auquelles elles seront destinées.

des deux côtés du chenal, dont la partie méridionale présentera l'ouverture, s'éleveront deux phares circulaires et formant péristile à leurs bases. Ces deux phares éclaireront non-seulement, pendant la nuit, la communication du port avec la rade, mais ils serviront encore aux signaux des mouvemens. Les matelots destinés à les exécuter, seront stationnés dans les galeries des deux péristiles. Ils y trouveront un asile perpétuel et les commodités propres à pourvoir à leur subsistance.

Sur le môle même, vers le fort de la Liberté

berté, doit s'établir une corderie couverte,
d'environ deux cents mètres, ou de six cents
pieds de longueur, avec une largeur convenable. Au rez-de-chaussée de ce vaste bâtiment, sera la corderie proprement dite, son
premier étage doit servir au filage, et son
second sera le magasin au chanvre. Cet ouvrage, d'un grand extérieur, aura, comme
la plupart des autres, des masses correspon-
dantes et analogues.

Autour des différens bassins et sur leurs terre-pleins intermédiaires, toutes les parties de
la construction et du radoub des vaisseaux,
la mâture, le gréement, la garniture, l'armement, l'administration, les mouvemens jour-
naliers et l'inspection du service trouveront
leurs magasins, leurs établissemens, leurs
ateliers, leurs bureaux dans la position la plus
commode et la plus rapprochée des objets auxquels ils se rapportent.

Du centre du port, où le magasin général sera placé, toutes les espèces d'approvisionnemens se verseront avec facilité dans les magasins particuliers. Chaque vaisseau de l'État
aura son dépôt, chaque matière son emplacement. L'arsenal, les casernes, l'hôpital de
la marine, le bagne, le parc aux bois, la
boulangerie, les chantiers de construction, y
compris ceux des canots et des péniches,
se trouveront à portée des autres établissemens.

Les anciens et les nouveaux édifices seront tellement raccordés qu'ils offriront un tout agréable et imposant, les points principaux symétriseront, tous les soubassemens à former seront réduits au même niveau, à un demi-mètre au-dessus de celui de l'arrête du chemin couvert, établi sur la belle chaussée du fort Liberté. Cette sage mesure préviendra jusqu'aux inconvéniens des inondations extraordinaires.

L'architecture des divers bâtimens, toujours relative à leur destination, annoncera leur importance ou leur utile simplicité. La beauté des formes s'y trouvera jointe à la solidité des matériaux, et, pour donner une juste idée de leur étendue, il suffira de remarquer que le plus petit des corps de bâtimens destinés aux magasins, aura 92 mètres ou 300 pieds de face au moins, sur 30 mètres ou 90 pieds de profondeur.

Il existe un grand nombre de ports célèbres qui ont dans leur dépendance tous les édifices nécessaires à leur usage; mais les uns placés à l'embouchure d'une rivière étroite ont leurs établissemens prolongés à des distances considérables, ceux des autres sont trop dispersés sur des terreins d'une forme inégale et présentant des interruptions. A Cherbourg, l'étendue de l'emplacement du port et son applanissement permettent d'y tracer des figures régulières et de rapprocher les constructions de tous leurs points de communication.

Telle est la disposition et l'ordonnance de toutes les parties de ce port national, qu'aucune d'elles ne sera trop éloignée des objets dont elle aura besoin ; sa surface doit pourtant être égale à celle du port et de la ville de Toulon réunis.

Un des grands obstacles à vaincre est la proximité d'une chaîne de montagnes qui dominent la pleine de Cherbourg et de plusieurs gorges ou ravins placés entre leurs contre-forts. Mais le Port ne sera pas assez rapproché des hauteurs pour que l'élévation de son enceinte ne protège pas ses établissemens. L'arme du génie militaire, dont le Gouvernement a déjà provoqué le travail éclairé, doit, d'ailleurs, s'emparer du terrein montueux pour y asseoir des places fortes qui commanderont au pays environnant.

Les défilés et les revers des montagnes les plus prochaines seront éclairés, les communications entre les forteresses seront sagement établies. Si la valeur française persuade aisément qu'on peut laisser beaucoup à faire à son énergie pour la défense du Port *Bonaparte*, dont le nom seul, animant les guerriers, les conduirait à la victoire, le sang des braves est si précieux, que l'art des fortifications doit, au moins, leur préparer les moyens de n'être pas accablés par le nombre. Honneur aux hommes à talens qui savent vaincre les difficultés, et mettre à profit les avantages que présente la nature.

Le port du commerce, derrière léquel se trouvent des emplacemens favorables, reçoit aussi l'augmentation d'un arrière-bassin. Son extrémité méridionale laisse un terrain propre à des chantiers de construction, pour toutes les espèces de bâtimens ordinaires, sans en excepter les corvettes de l'Etat.

Les inquiétudes d'une sage économie, les leçons de l'expérience et d'autres motifs moins purs, ont souvent fait exagérer les dépenses faites et à faire pour les travaux de Cherbourg.

Les alarmes répandues à cet égard, ne feraient aucune impression durable, si l'on considérait l'importance relative des grands ouvrages entrepris en différens tems, et les sommes employées à leur exécution.

Il n'existe guères de ports militaires du premier ordre, auxquels on ne travaille depuis plusieurs siècles, et qui soient conduits à leur perfection, quoique leurs dépenses accumulées, en augmentations seules, soient effrayantes. On sait que les Vénitiens, les Anglais, les Bataves et tant d'autres peuples modernes, comme autrefois, *Tyr*, *Athènes*, *Sidon* et *Carthage*, ont dû leurs richesses et leur prospérité à des travaux immenses et perpétuels pour l'augmentation et pour la sûreté de leur marine. Combien de vastes ports, cependant, sont trop éloignés des parages les plus fré-quentés, et des points où les ennemis doivent être avantageusement surveillés ? Combien d'autres se combleraient, en peu de tems, si des corvées sans cesse renaissantes, n'opé-raient pas leur nettoyement ?

Les fondations du Port *Bonaparte* ne seront pas assises dans des marais fangeux, ni sujettes à des restaurations continuelles. Le granit y sera souvent posé sur des roches dures, arasées, en contre-haut, à la pointe du marteau, et présentant elles-mêmes, sous la maçonnerie, un agréable et solide parement.

On a choisi, pour l'emplacement de ce Port, une baie fermée, vers le Couchant, par les terres adjacantes ; le flux de la marée ne peut y apporter aucun dépôt nuisible. La digue principale de la rade et le fort de *la Liberté* la défendent au Nord; au Levant l'*Isle-Pelée*; le fort *Galet*, au Sud, la mettent à couvert des inconvéniens du reflux.

La plupart des merveilles de l'antiquité n'é-taient que des beautés gigantesques, sans uti-lité réel. Quel avantage, par exemple, pouvaient retirer du colosse de *Rhodes*, le commerce et la navigation ?

C'était une statue d'*Apollon*, haute de 70

coudées, (105 pieds), entre les jambes duquel les navires devaient passer pour entrer dans le port. L'image de ce dieu protecteur, aussi bisarrement placée, ne pouvait que nuire aux navigateurs. Si cette énorme statue n'avoit pas été renversée par un tremblement de terre; si, comme on doit le présumer, les proportions y étaient bien observées, nos grands vaisseaux modernes n'auraient pu franchir le chenal qu'elle couvrait, en supposant que le mouillage du port eût pu les recevoir.

Si le port *d'Alexandrie* d'Egypte n'avait pas été d'un accès assez difficile pour que ses passes fussent malheureusement inconnues à nos marins, les Anglais auraient-ils trouvé nos vaisseaux à découvert et à l'ancre au cap *d'Aboukir.*

Sous le même ciel, l'un des plus beaux monumens de l'antiquité, la colonne dite de *Pompée*, subsiste encore. Le peuple esclave qui l'environne n'en connaît ni l'importance ni la destination. Sont-elles bien connues des savans eux-mêmes ? (1)

(1) Le lieutenant *Dundas*, du corps des Ingénieurs Anglais, et le lieutenant *Desnods*, aide-de-camp du lord *Cavan*, ont dernièrement découvert, à force de recherches dans la partie supérieure de cette colonne, les vestiges d'une inscription dont les caractères illisibles ont été suppléés par M. *Halles*, ecclésiastique anglais, employé à Naples. Le nom de celui à qui la colonne est dédiée reste entièrement lisible, et c'est le nom de l'Em-

En *Egypte* encore s'élèvent les fameuses py-
ramides qui, près *du Caire*, attestent depuis
tant de siècles le pénible travail et la patience
industrieuse des Africains. Les esclaves obligés d'épuiser leurs forces a la construction de
ces vastes tombeaux, n'ont été sacrifiés que
pour laisser des preuves étonnantes et perpé-
tuelles de la vanité de leurs maîtres. Les anciens labyrinthes avaient des destinations plus
inutiles encore et moins raisonnables.

Mais laissons-là ces chef-d'œuvres qui n'a-
vaient d'autre mérite que celui des difficultés
vaincues et l'énormité des sommes employées
à leur exécution. Quelques historiens ont bien
voulu supputer la valeur des comestibles con-
sommés pour la frugale nourriture des ouvriers de plusieurs monumens antiques. Leurs
résultats étonnent quelques fois l'imagination.
Mais pour bien apprécier les dépenses réelles,
il ne faut jamais perdre de vue la différence
qui se trouve entre la valeur de nos monnaies
courantes et celles des monnaies anciennes,
aux diverses époques de leur existence accré-
ditée.

pereur *Dioclétien*, auquel *Pontius*, préfet d'Egypte, doit
avoir consacré ce monument. Tout cela ne peut démontrer l'objet originaire de l'érection de cette colonne qu'autant que l'inscription découverte paraîtrait aussi ancienne
que le monument même. La flatterie, n'aurait-elle pas
pu l'y placer depuis son érection, comme autrefois elle
adaptait des têtes d'Empereurs efféminées sur des statues
d'Hercule.

Il faut, sur-tout, ajouter au prix de la subsistance de l'honnéte artisan, de l'ouvrier de
nos jours, celui du juste salaire qu'il reçoit
par augmentation. Ce salaire ne consiste plus
parmi nous, dans les outrages et les maltrai-
temens qu'on faisait essuyer aux travailleurs
esclaves, ou à d'infortunés corvéables. Le travail assidu mérite une autre récompense.

L'étonnement que produit l'énormité des
masses et la prodigieuse élévation de certains
monumens, dont l'origine se perd dans l'éloi-
gnement des siècles, devient moins grand,
lorsque l'on considère que la main-d'œuvre
en était commandée par des despostes. Les
Républiques, elles-mêmes, avoient les leurs
qui n'épargnaient pas les esclaves, lorsque
le patriotisme des citoyens ne suffisait pas
au travail. La violence produisait la crainte,
et celle-ci tenait lieu de courage. L'autorité
absolue fixait alors la retribution de l'ouvrier
suivant son ambition et son avarice.

Mais pour ne pas trop nous éloigner du
tems et des idées actuelles, pour nous rapprocher du dix-septième siècle, l'un des plus beaux
de la monarchie, rappelons-nous ce qui a été
dépensé pour le château de Versailles, ce palais célèbre, bâti par les ordres de Louis XIV,
le théâtre de sa magnificence, l'objet de la
curiosité des étrangers et l'un de ceux qui a
le mieux justifié les talens de nos architectes
modernes.   Je

Je n'aurai pas la témérité de vouloir apprécier ni son mérite, ni ses défauts. C'est avec
peine qu'on est forcé d'avouer que la façade,
qui se présente à l'arrivée de Paris, toute belle
qu'elle est, n'est pas digne du reste.

Remarquons seulement que ce logement
d'un Prince, qui ne fut jamais plus grand que
dans ses malheurs, lui avait coûté deux cents
millions (1), et que l'augmentation successive
du prix des travaux, porterait aujourd'hui
cette somme à six cents millions.

Les soins particuliers que le Gouvernement
actuel de la République, donne à la conservation de ce superbe édifice, comme à celle
des monumens de tous les siècles, attestent
l'élévation de ses pensées, son indépendance
de toutes les espèces de préjugés, son estime
éclairée pour les productions des arts.

A Cherbourg ne seront pas élevées des co-
lonnes d'un prodigieux appareil, des statues
colossales, des palais somptueux, mais des
phares, dont toutes les dimensions seront tellement proportionnées, qu'ils distribueront
les masses de lumières sur tous les objets à
éclairer; mais l'heureuse distribution d'édifices utiles en eux-mêmes, qui présenteront
l'emplacement des statues consacrées par l'admiration et la reconnaissance, long-tems avant

(1) Géographie dite de *Crozat*, Article Versailles.

que le bronze en ait offert les contours à la
postérité. Mais de vastes dépôts qui renferme-
ront tout ce qui sera nécessaire aux armemens
les plus formidables , des asiles surs et commodes pour les vaisseaux de toutes les nations
amies ou impartiales , dans quelque état qu'ils
se présentent. Mais des môles bien affermis
et leur offrant , sans cesse , des entrées et des
issues favorables ; nous ajouterons encore des
forteresses aussi précieuses par leur solidité
que par l'avantage de leur situation.

La création de cet ensemble, qui doit contribuer à la restauration de notre marine ,
flattera , tout-à-la-fois , le goût des hommes
éclairés et l'amour-propre national. Jamais les
Grecs et les Romains n'eurent un aussi complet
établissement maritime. Cependant la dépense
à faire pour tous les travaux du Port *Bona-*
parte , distraite de ce qu'il en a coûté pour le
château de *Versailles*, et pour tant d'autres
établissemens agréables ou utiles, séparément
pris, il resterait des fonds suffisans pour rendre
notre marine égale ou supérieure à celle d'Angleterre.

C'est vers cette région orageuse que la nature a placé, dans le centre de la Manche et
de la presqu'île du Cotentin, la rade et le
port qui doivent recevoir l'avant-garde et le
corps de bataille de nos armées navales.

C'est de ce poste avancé que nous aurions

toujours dû surveiller et tenir en échec les principales forces de la marine ennemie rassemblées sur les rivages opposés.

Regrettons, à la bonne heure, les trésors engloutis tant de fois par le luxe ou la débauche, ceux qui ont été prodigués à l'acquit des dettes honteuses de tant d'êtres crapuleux; regrettons, sur-tout, les sommes livrées à nos ennemis par la perfidie ; mais qu'il ne soit pas un bon Français qui ne fasse des vœux pour le succès d'une entreprise qui doit si efficacement contribuer à rendre son pays redoutable aux aggresseurs et respectable pour toutes les nations.

Je sais que les provocations d'une puissance insulaire, qui a tant de fois abusé de la supériorité de ses forces maritimes , peuvent être sévérement punies par le transport heureux et le choc subit d'une division nombreuse de nos armées, impatiente d'arriver à sa destination par le plus court passage. Les désirs des peuples la portent en Angleterre, le monde entier applaudit d'avance à ses succès et le corps de réserve , prêt à la suivre , envie déjà son sort.

Mais quels que soient les évènemens, il est urgent que la République française donne à sa marine la force et les moyens dont elle a besoin pour pacifier les mers , pour mettre hors d'insulte ses colonies, son commerce , les possessions de tous les peuples amis de l'ordre et de la justice.

Pour le bonheur du monde, il ne suffit pas de vaincre lorsque d'injurieuses aggressions nous forcent à prendre les armes. Il est nécessaire de joindre à la modération, dans la victoire, des mesures efficaces et permanentes qui puissent rétablir l'ordre et la décence dans toutes les relations extérieures, maintenir l'observation sacrée du droit des gens, réprimer les actes de violence qui caractérisent la piraterie, mettre enfin des bornes aux entreprises d'une cruelle et sordide avarice.

La froide politique du Cardinal de *Fleury*, semblait borner ses vues à la pacification du continent de l'Europe, pendant la durée de son ministère ; il abandonna presque toujours notre marine languissante à sa propre faiblesse, et quoique la France eût à faire prospérer des possessions immenses dans l'Amérique Septentrionale. Il ne laissa pas même des moyens suffisans pour les conserver. L'abandon de la Louisianne, l'interruption fréquente de la jouissance de nos îles cultivées et fertiles, la perte entière de la Nouvelle-France ont été les suites funestes de son imprévoyance et de celle de la plupart des ministres qui lui succédèrent.

La Marine française parut avec éclat sous Louis XIV. Ses illustres généraux la firent

souvent triompher ; ils combattirent des ennemis dignes de leurs talens et de leur courage :
mais les succès d'un prince ivre de gloire
semblèrent persuader à sa cour qu'il devait
être invincible.

Contre la maxime qui persuade à certains
peuples qu'on ne doit pas compromettre sa
marine contre des forces supérieures, on ordonna, soûs Louis XIV, en 1692, au Maréchal
de Tourville, d'attaquer dans la Manche, où
nous n'avions aucun port militaire, les flottes
d'Angleterre et de Hollande combinées, au
nombre de quatre-vingt-dix vaisseaux, avec
quarante-quatre vaisseaux français. Le Maréchal opéra le prodige qu'on attendait de lui;
il battit les ennemis pendant deux jours, mais
ils conservaient toujours leur supériorité et
cinquante-sept de leurs vaisseaux trouvèrent
l'occasion d'en attaquer, avec succès, quinze
des nôtres, retardés par le courant du raz
de Gatteville.

Duquesne, *Tourville*, *Château-Renaud* et
tant d'autres chefs de notre Marine eurent
des succès bien plus glorieux, mais les moyens
de vaincre n'avaient été ni assez ménagés ni
suffisamment préparés; les héros disparurent
avec le tems, et tous les momens ne sont
pas propres à faire des miracles.

L'Angleterre, fidèle à ses principes, ne
cesse d'augmenter ses forces maritimes; la su-

périorité du nombre ne lui suffit pas. Celle du très-grand nombre peut seule la rassurer. Ses flottes, ses escadres, se promenent avec ostentation ou se glissent avec mystère sur les mers des deux Mondes.

Elles servent de réponse aux murmures des nations, aux vexations qu'on leur fait éprouver, aux plus sages remontrances des membres de l'opposition, aux plaintes et à la misère du peuple Britannique, aux frayeurs sans cesse renaissantes qu'inspire l'énormité de sa dette nationale, au refus de réalisation de la valeur des billets de banque et du payement de leurs intérêts dus aux étrangers, c'est-à-dire, à une banqueroute ouverte, colorée sous le nom de mesure de circonstance. Enfin, contre le droit des gens, la vaniteuse énumération de toutes les divisions de la marine d'Angleterre tient ordinairement, à ses ministres, lieu de déclaration de guerre et de réparation de toute espèce d'injustice.

Faut-il que tant de peuples braves, riches et puissans, dans les deux Mondes, soient encore long-tems dupes de ce vain épouvantail.

Le Chancelier de l'Echiquier d'Angleterre, disait au parlement, dans la chambre des Communes, le 11 frimaire an XI (2 Décembre 1802), que la France, avant la guerre terminée par le traité d'Amiens, avait 80 vaisseaux de ligne, que l'Espagne en avait 70;

et la Hollande 37. Il ne reste, ajoutait-il, à la France que 39 vaisseaux, à l'Espagne 70, et 16 à la Hollande, de manière que ces trois marines, prises ensemble, étoient à peu près réduites du tiers.

L'Angleterre, disait le Chancelier, peut opposer à ces forces 192 vaisseaux de ligne, 219 frégates et 129 sloops.

Un autre tableau des forces maritimes britanniques, publié postérieurement, les portait à 197 vaisseaux de ligne, 26 de 50 canons, 241 frégates, 338 sloops, en tout 802 bâtimens armés.

Ces énumérations fastueuses supposent pourtant que les trois puissances réunies, dont elles font mention, ont eu 196 vaisseaux de ligne, et qu'à plus forte raison elles pourront, dans la suite, s'en procurer un plus grand nombre, sans qu'on ait à craindre l'augmentation successive des flottes d'Angleterre.

Cette nation n'oublie, dans ses calculs, que le nombre des hommes composant les équipages et les troupes de marine.

Toutes les puissances peuvent construire de nouveaux vaisseaux ; mais elles ne peuvent pas créer et former des hommes avec la même facilité ; ils n'est pas non plus dans l'ordre qu'elles arment tous leurs bâtimens à la fois.

Il faudrait près de trois cents mille hommes pour monter huit cents bâtimens de guerre, tels qu'ils sont rangés sur les listes ministérielles ; l'Angleterre n'a pas cent mille matelots entretenus, elle n'en comptait dernièrement, malgré la violence de la presse, que quatre-vingt-dix mille. Son armée de terre pourrait-elle fournir deux cents mille hommes d'embarquement ?

Les apperçus les plus exagérés, présentés par les Anglais, portent la population de leurs trois royaumes réunis, à quinze millions deux à trois cents habitans. Nous ne parlerons pas de tous ceux qu'une émigration habituelle enlève à ce pays ; mais nous paraîtrons bien trop modérés en assurant que notre population est au moins double de la leur.

C'est en partie, sans doute, à cette occasion qu'on observait chez une nation voisine, que le mépris affecté des Anglais pour les autres peuples, avait besoin d'une forte leçon, en demandant qui la donnerait, si les Français ne la donnaient pas. Il est d'autres États puissans qui pourraient se charger de cet honorable emploi ; mais les provocations de l'ennemi commun ont semblé donner la préférence aux Français. Le Chef de la République a relevé le gant du défi : les combattans seront bientôt en présence. Mais les spectateurs devraient-ils être indifférens ? Est-il quelque nation qui n'ait pas à venger quelque insulte faite à son pavillon par celui de d'Angleterre.   Au

Au reste, il y a long-tems que les hommes instruits sont convaincus que les efforts extra-ordinaires, successivement faits par la Grande-Bretagne, pour s'assimiler la France, pour agrandir ses colonies, pour donner à sa marine un établissement supérieur en nombre, ont épuisé ses finances. C'est la grenouille qui s'enfle par orgueil, et qui doit périr par sa faute.

De nouveaux billets de crédit mis en circulation, des impôts toujours croissans, des emprunts multipliés, des actes de violence, des semences de division jetées par les agens de la compagnie des Indes, parmi les peuples et jusque dans le sein des familles des souverains du pays et de leurs nababs; voilà les ressources habituelles qui soutiennent l'Angleterre et qui perdent les nations.

Beaucoup d'Anglais, célèbres par leurs connaissances et par leurs talens, ont montré d'autant plus d'attachement à leur patrie, qu'ils en ont discuté les intérêts avec impartialité.

La vénalité des suffrages dans les élections parlementaires, l'influence ministérielle sur les députés eux-mêmes, l'insuffisance et l'inégalité de la représentation nationale dans les élections actuelles; voilà, suivant eux, les causes funestes des entreprises du gouvenement et du dérangement de ses finances.

C'est à la seule nation Britannique qu'il appartient de demander le redressement de

. . . .

ses griefs; mais c'est aux Français insultés et menacés par un gouvernement imprudent, qu'il convient d'apprécier ses moyens et ses forces, d'après les faits historiques et des discussions approfondies par des hommes d'état et des auteurs célèbres.

En vain veut-on nous persuader, sur le témoignage de quelques anglomanes, que le patriotisme et la générosité des citoyens de la Grande-Bretagne, leur donne toujours le pouvoir et la volonté de soutenir, chez eux, le crédit et les dépenses de l'État.

Les écrits publics nous ont appris que *treize millions*, prêtés à leur gouvenement, en marchandises, lui avaient coûté *vingt--deux millions*.

Lord *Shelbrune* disait en 1781, qu'un autre emprunt de douze millions, fait par l'Angleterre lui revenait à vingt-un millions. On peut apprécier par ces exemples l'avantageuse fécondité des ressources du ministère britannique, dans ses besoins pressans.

On lit dans l'histoire, dite de la dernière guerre, terminée par les traités de 1783, que dès le mois d'avril 1764, la dette nationale anglaise était de cent cinquante millions sterlings; c'est-à-dire de plus de trois *milliars* de notre monnaie. Tous les ordres de l'état s'accordoient à demander que leurs colonies américaines acquitassent la moitié de cette dette. Mais associées, sous le nom d'Etats-Unis, ces colonies n'en ont rien payé. La guerre odieuse qu'on leur fit ne servit qu'à les séparer de ce qu'on appelait la mère patrie, et cette mère, qu'elles appelaient dénaturée, en fut pour les frais énormes de la guerre.

Le 14 avril 1802, dans la chambre des communes, le Chancelier de l'Echiquier, qu'on ne soupçonnera pas d'exagération, estimait sa dette consolidée seule, à quatre cent quatre-vingt-huit millions sterlings, ou, ce qui est la même chose, à *onze milliars six cents quatre-vingt millions* de France.

Lord *Stanhope*, disait dans la chambre des pairs, le 23 mai 1803 : *Nous avons une dette de cinq cents millions*, et il s'agit toujours de millions sterlings.

On a vérifié toutes ces assertions. M. *de la Salle*, en parlant des finances d'Angleterre, a remarqué qu'à la fin de toutes les guerres, par elles entreprises, ses dettes se trouvaient, au moins, augmentées de moitié, et que dans l'intervalle du 5 janvier 1795, au premier février 1802, elles s'étaient réellement élevées de *deux cent vingt-sept millions*, à *cinq cent soixante-deux millions sterlings*. On peut maintenant apprécier leur état actuel, qui est bien au-dessus de *douze millars* de notre monnaie.

Etait-ce donc au fond de ce précipice que

les peuples devaient être conduits par des administrateurs de la plus grande réputation ? Les partisans de l'Angleterre prétendront-ils encore qu'elle est en état du supporter le fardeau dont on l'a surchargée ? Nous ne combattrons pas leur opinion, nous n'examinerons point si les sueurs et le sang des Indiens, pressurés les uns après les autres, pourront jamais remplir le vide immense qui se présente.

Le tableau des cruautés et des perfidies, dont tant d'infortunés nababs ont été les victimes, a fait frémir d'horreur le parlement d'Angleterre. Nous ignorons si ce frémissement involontaire sera le seul acte de justice exercé contre les coupables.

Mais le *budjet* des finances, présenté vers la fin de 1802, au même parlement, offre un autre tableau qui pourrait éclaircir bien des doutes. D'après le relevé qu'on en trouve dans le journal officiel de France, ce *budjet* constatait qu'il y avait entre les recettes et les dépenses un *déficit annuel* de six cent cinquante-huit millions de France, et que l'*Angleterre* seule, l'*Irlande* non-comprise, payait, *chaque année, cinq cent trente millions* de notre monnaie, pour les *intérêts* de sa dette.

Cependant, suivant le compte officiel, concernant l'année finie, le 5 janvier 1802, le revenu d'Angleterre se trouvait monter à *quinze cents de nos millions.* Qu'on juge par là de l'excès des taxes et des impôts, sur une population et sur un territoire aussi peu considérables. Le Chancelier de l'Echiquier ne craignait pas d'avancer alors que la nation pourrait acquitter ses dettes en trente-cinq ou quarante années de paix. Cette perspective, comme on le voit, avait des bases bien assurées.

C'est pourtant le même homme d'Etat, qui, après avoir conclu la paix, fait renaître la guerre de ses cendres encore fumantes. C'est lui qui comptait, sans doute, sur des spéculations d'une espérance également bien fondées, sur un commerce universel et presque exclusif. Mais ses projets ayant été déjoués par la sagesse du Gouvernement actuel Français. Il s'est jeté, par désespoir, dans les embarras d'une nouvelle crise qui met son propre páys en alarmes et dont les suites sont incalculables.

Il y a long-tems, au reste, que les finances de l'Angleterre sont dans un désordre alarmant. On y a souvent démontré que les *capitaux* de son revenu territorial et de toutes ses richesses, bien des fois multipliés, ne suffiroient pas pour acquitter ses dettes.

D'autres écrivains, des plus célèbres, ont porté l'apperçu beaucoup plus loin.

Raynal, dans son histoire de la révolution d'Amérique, remarquait que, vers l'époque

de 1763, « L'éclat des victoires des Anglais,
» sur toutes les mers, et de l'acquisition de
» terreins immenses, dans les deux Indes,
» n'empêchait pas la nation d'être réduite à
» gémir de ses triomphes.... » Il ne craignait
pas de dire à ces fiers insulaires : « La quantité
» de vos espèces circulantes est peu consi-
» dérable, vous êtes accablés de papiers, vous
» en avez sous toutes les dénominations,
» tout l'or de l'Europe ramassé dans votre
» trésor, suffirait à peine à l'acquit de votre
» dette nationale ».

Depuis ce tems, les conquêtes, les dettes
et les impôts ont pris un accroissement ex-
cessif. L'orgueil national et les intrigues ministérielles retardent la crise. Mais l'explosion
n'en sera que plus violente.

Offrons à l'humanité des traits non moins
fidèles et plus consolans.

Il existe une République puissante, par
l'étendue de son territoire, le nombre de ses
habitans, la valeur de ses guerriers, l'éclat
de leurs victoires et par l'ordre qui règne
dans l'administration actuelle de ses finances.

L'établissement de ses revenus est fixé par
la loi, sur des objets toujours existans. Il se
divise en courtes échéances et se réalise dans
les termes prescrits. La recette et la dépense
de chaque année, de chaque mois sont ré-
sumées d'avance ; elles sont proportionnées à

leurs quotités respectives. Les recouvremens sont perpétuels et garantis ; ils se versent le plus directement possible dans la caisse de l'Etat ; ils n'en sortent que pour être appliqués à l'emploi qui leur est destiné, d'après des ordres formels autorisés par les lois. Une portion considérable de ces revenus, employés aux besoins publics, vient du retranchement sévère que les chefs actuels de l'Etat ont provoqué sur les anciens établissemens des dépenses de la cour.

Les simples apperçus, les bordereaux provisoires, les comptes généraux et particuliers, leur balance et leurs résultats définitifs, avec leurs pièces justificatives, sont mises sous les yeux du Gouvernement, dont les travaux assidus suffisent à toutes les parties majeures de l'administration.

Ce ne sera que dans le tems où l'historien impartial ne pourra plus être soupçonné d'adulation, qu'il pourra se livrer, sans reserve, au développement de tous les soins du père de la grande famille, pour lui rendre la paix et le bonheur.

L'indignation des Français semblait avoir devancé celle du Chef de la République, lorsqu'ils apprirent que, sous de faux prétextes, leur ennemi perpétuel déclarait qu'il allait s'armer pour s'opposer à des mesures hostiles qui n'existaient pas, et pour combattre une nation belliqueuse qui se livrait aux douceurs d'une paix généralement désirée.

L'Europe attentive s'apperçoit aujourd'hui que c'est dans le calme des passions que se prennent les délibérations les plus sages du Cabinet Consulaire. Au désir de conserver la paix a succédé la ferme résolution de la reconquérir, aux dépens de ceux qui l'ont injustement rompue.

Tout a été prévu ; les moyens et les ressources sont bien ménagés, les plans s'exécutent, tout est en mouvement dans nos chantiers et sur nos côtes ; un port national, dont on avait, en vain, reconnu la nécessité depuis plusieurs siècles, commence à montrer tous ses développemens ; il doit un jour, par son importance, avertir l'Angleterre qu'elle doit garder la foi des traités, observer les loix générales de la navigation, et respecter le pavillon français.

Les stations et les courses des bâtimens de cette nation, sont aussi vaines que dispendieuses ; elles précipitent sa ruine. Ses inutiles bombardemens découvrent et sa haine et la faiblesse de ses moyens. L'espérance qu'elle conçoit de rencontrer les flotilles destinées au transport de nos troupes, l'espoir, beaucoup moins fondé, qu'elles seront battues par le vent et la tempête, comme le fut autrefois le formidable armement de l'Espagne et de Naples,

Naples, sont en opposition avec beaucoup de chances plus heureuses pour nous. Toutes ces conjectures ne rassurent pas ses habitans. La terreur les saisit et le courage nous anime.

Est-il, au reste, beaucoup d'Anglais qui voulussent adopter les maximes de leur gouvernement? Combien n'existe-t-il pas dans la Grande-Bretagne, d'hommes généreux et dévoués à la défense de leurs droits? Combien de savans et de littérateurs célèbres, de négocians éclairés, d'artistes ingénieux et paisibles, d'agriculteurs intelligens, d'artisans laborieux, d'hommes mécontens et poussés au désespoir par la vexation.

La persécution et les échafauts ont-ils jamais gagné des cœurs ulcérés, ou rendu le calme à des nations entières?

Non, les ames honnêtes de tant d'hommes distingués ou intéressans ne peuvent se tromper, ni sur les causes, ni sur les suites d'une guerre injuste.

Le Français n'est ni moins instruit, ni moins généreux, et le Chef de la République a montré ses dispositions pour une paix honorable. Le Gouvernement qui s'égare, ne pourrait-il pas être éclairé par l'opinion publique? Ne serait-il pas tems que deux grandes nations, qui s'estiment mutuellement, donnassent, enfin, la paix à l'Europe, en terminant leurs propres différens? Mais si ces souhaits sontinutiles, si l'on offre en vain la puissante médiation de deux souverains, qui, quoique jeunes encore, ont acquis, par leur sagesse, autant que par l'importance de leurs États, une si grande influence politique; il faut que l'aveuglement des auteurs de la gnerre soit à son comble. La valeur française peut conquérir la paix, la restauration de sa marine peut seule la conserver.

Cette marine, dans son état actuel, est beaucoup plus considérable que ne le fut, à bien des époques, celle de l'Angleterre. Toute faible qu'elle est, elle étonne souvent par la hardiesse de ses entreprises, par sa persévérante intrépidité dans les combats et pas ses succès inattendus (1).

(1) Le 24 frimaire an 7, la corvette française, *la Bayonnaise*, de 25 canons de 8, commandée par le capitaine *Edmond Richer*, prend à l'abordage la frégate anglaise, *l'Embuscade*, de 26 canons de 16 en batterie, 10 de 8 sur les gaillards, et de 6 obusiers de 36, après trois heures de combat.

Le 16 messidor an 9, deux vaisseaux français de 80 canons, un troisième de 74 et la corvette *la Muiron*, de 18, commandée par le Contre-Amiral *Linois*, combattirent avec tant d'avantage, trois vaisseaux anglais de 84 canons, trois de 74 et une frégate, qu'ils prirent aux ennemis *l'Annibal* de 74; que le *Pompée* de 84, fut mis hors de service, et que le *Vénérable* de 74, qui avait baissé pavillon, ne fut sauvé qu'à la remorque.

A la fin de l'an 11 de la République, *le corsaire de Bordeaux*, *la Bellone*, de 30 canons de 8, commandé

Mais ces combats particuliers enrichissent et couvrent de gloire les vainqueurs sans devenir décisifs entre les nations. Les flottes d'Angleterre sont les têtes de l'hydre qu'il faut toutes attaquer et vaincre à la fois. Cette tâche ne sera difficile à remplir, qu'autant que la France négligerait encore de préparer ses armemens.

Envain la Grande-Bretagne vanterait-elle ses richesses et ses revenus publics ? Ce serait une grande erreur, dit Raynal : " De juger " de la puissance des empires par le revenu " du souverain. Cette base de calcul serait " la meilleure qu'on pût établir, si les tri- " buts n'étaient que le thermomètre des fa- " cultés des citoyens. Mais lorsque la Répu- " blique est opprimée par le poids et par la " variété des impositions, loin que cette ri- " chesse soit un signe de prospérité natio- " nale, elle est un principe de dépérisse- " ment ".

Oui, le Gouvernement qui vexe le moins les peuples par les impôts, est le plus riche

---

par le capitaine *Perroud*, prend, au troisième abordage, le vaisseau de la Compagnie de l'Inde anglaise, le *Lord-Nelson*, de 42 canons, estimé valoir sept à huit millions.

Dans le même tems, le corsaire de *Bordeaux*, *la Représaille*, capitaine *Quoniam*, de 14 canons de 3, prend à l'abordage *le King-George*, paquebot du Roi, armé de 8 caronades de 12, et valant plusieurs millions.

en ressources dans les besoins extraordinaires. Le secours des souscriptions ouvertes en Angleterre, en faveur du Gouvernement, ne peut pas se comparer aux dettes, aux emprunts et aux dépenses de l'Etat. C'est une goutte d'eau qu'on destine à l'extinction d'un incendie.

Quand les armées britanniques, ayant à leur tête un autre *Thamas-Koulikan*, feraient la conquête d'*Agra*, de *Delhi*, de l'*Indoustan*, tout entier, pays où va définitivement aboutir l'or des nations, toutes les pagodes (1), les roupies fondues ensemble et réduites en fleuve d'or, pourraient-elles éteindre l'embrâsement des billets de crédit de l'Angleterre ?

L'auteur de l'histoire de l'établissement des Européens dans les deux Indes, dit, que c'est sur les chantiers et dans les ports de l'Europe que doivent être construits les bastions et les boulevards des colonies de l'Amérique. *C'est donc vers les forces de mer*, ajoute-t-il, *que les peuples, propriétaires du nouveau monde, porteront désormais leurs regards.* Oui ; mais fallait-il porter ces forces à l'excès ? Celui des peuples qui a le premier ravagé les forêts pour construire des citadelles ambulantes, avec lesquelles des armées entières vont souvent se précipiter dans les flots, avant de s'entre égorger,

(1) Monnaies d'or de l'*Indoustan.*

n'a donné qu'un exemple inutile et funeste.
Si le désir de la vengeance et celui des richesses sont insatiables, ne pouvait-on pas se
mesurer avec des forces moins nombreuses,
plus égales et mieux proportionnées aux facultés respectives ? Les résultats en seraient
souvent moins désastreux et plus intéressans.

Mais si le choc des nations doit toujours
se faire, avec des masses énormes, l'Angleterre peut-elle se flatter d'avoir long-tems les
plus considérables ? La France n'a qu'à le
vouloir et ses chantiers seront approvisionnés :
sans parler des forêts encore existantes sur
la surface de la République, les futaies et les
arbres dispersés sur les possessions particulières, se trouvent en grand nombre dans plusieurs de ses départemens. L'ordre établi dans
ses finances, l'étendue de son territoire, les
lumières et la sagesse de son Gouvernement
inspirent la plus grande confiance, ses ressources sont nécessairement abondantes, sa
population est nombreuse et renferme des
hommes de tous les états et de tous les talens. Les équipages ne manqueront jamais à
ses flottes, ni les guerriers à ses armées ; ses
vaisseaux auront désormais des ports et des
asiles dans toutes les divisions de ses côtes
maritimes.

Le plus puissant motif qui doit réunir en
faveur de la France les suffrages et les vœux

des nations, c'est la générosité de ses guerriers, incapables d'abuser de la victoire; l'injustice des Gouvernemens doit être réparée;
mais deux peuples des plus éclairés des deux
mondes sont-ils irréconciliables? Ils seraient
sans besoins et sans alarmes, si leurs fré-
quentes guerres ne ruinaient pas leurs pays;
leur réconciliation sincère ferait, peut-être,
jouir l'Europe d'une paix profonde et durable.
Puissent les succès de la France éteindre le
flambeau de la discorde!

Qu'il nous soit permis d'emprunter encore
ici le langage de l'abbé Raynal, cet auteur
qu'on ne lit presque jamais sans attendrisse-
ment et sans admiration.

« Philosophes de tous les pays, amis des
» hommes, pardonnez à un Français d'exciter
» sa Patrie à élever une marine formidable,
» c'est pour le repos de la terre qu'il fait
» des vœux, en souhaitant de voir établir,
» sur toutes les mers, l'équilibre qui fait au-
» jourd'hui la sûreté du continent. »

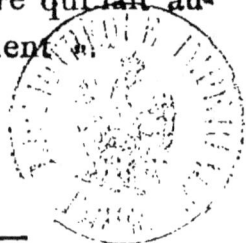

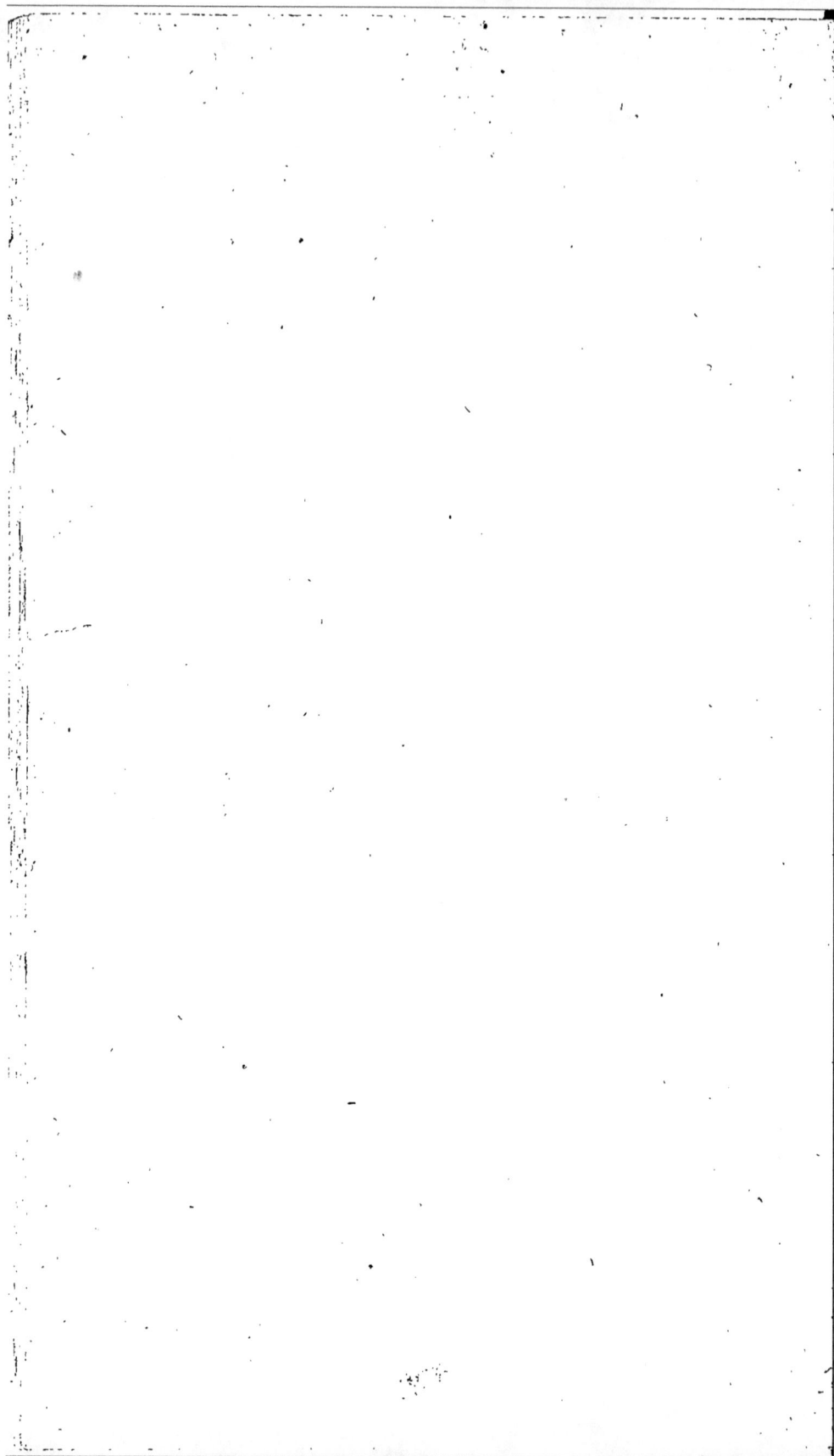

TROISIEME PARTIE.

DES ACCESSOIRES

DU

PORT BONAPARTE.

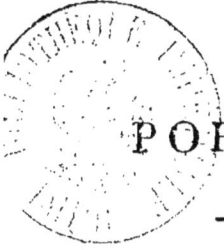

LES difficultés qui s'offraient pour établir, sur les côtes de *la Manche*, un port militaire formidable, n'ont pas tellement aveuglé le gouvernement d'Angleterre, qu'il ait jamais osé se promettre qu'elles ne seraient pas vaincues. Il connaît trop bien l'énergie des Français et les talens de nos ingénieurs, pour n'avoir pas apperçu que ces obstacles seraient enfin surmontés.

Il fut un tems où les intrigues et la corruption firent démolir les fortifications et disparaître tous les travaux maritimes commencés à Cherbourg. (1)

(1) En 1689 on détruisit jusqu'aux fondemens des anciennes fortifications et du château de Cherbourg.

En 1758, le Maréchal-de-Camp, *Raimond*, qui avait des troupes suffisantes pour repousser les Anglais descendus à *l'anse d'Urville*, les laissa pénétrer, malgré

a

Les Anglais et leurs amis, s'ils en ont encore, désespèrent aujourd'hui de faire adopter d'aussi fausses mesures: les plus modérés se contentent d'exagérer les forces de la marine Britannique et les pertes de la nôtre. Ils tremblent lorsqu'ils voient nos frégates et nos simples flotilles résister, avec succès, aux vaisseaux ennemis. (1) Ils prétendent nous apprendre qu'il est inutile d'avoir des ports nationaux sans vaisseaux de guerre, et que nos ressources, à cet égard, ne sont pas encore considérables.

Que ne se rassurent-ils, avec les bons Français, sur l'étonnante activité de nos constructions navales, sur la vigilance aussi fidèle qu'éclairée du Gouvernement, sur l'héroïsme des chefs et des troupes de toutes les armes.

les murmures de ses troupes, jusqu'à Cherbourg; ils y firent sauter, avec précipitation, une partie des revêtemens du chenal et des quais du port de commerce. M. de Raimond se crut obligé de publier son apologie dans les gazettes d'alors.

(1) On sait par quels exploits, ou plutôt par quelles manœuvres, le gouvernement Anglais s'est emparé de nos vaisseaux à *Toulon*, ainsi que de ceux des *Bataves*. Quel contraste ont offert les journées des 5 et 6 Vendémiaire an 12, entre ces perfides combinaisons et la sage intrépidité des chefs de division *Saint-Haouen* et *Pevrieu* conduisant à *Boulogne* les flotilles de *Calais* et de *Dunkerque*? Le dévouement du Contre-Amiral *Magon* qui s'avançait pour protéger leur entrée avec des embarcations également faibles, ne doit-il pas humilier leurs timides agresseurs.

Que ces froids calculateurs daignent ras-
sembler les évènemens qui viennent d'avoir
lieu et qui se passent encore sous leurs yeux,
qu'ils en parlent même avec sévérité, mais
qu'ils rendent justice à ceux pour qui rien
de ce qui est honnête, utile ou glorieux n'est
étranger; qu'ils consacrent leurs actions dans
les fastes de l'histoire, et leur récit fidèle
sera l'ornement des mémoires de leur siècle.

Oui, nous l'espérons avec confiance, le port
Bonaparte et tous les ports Français verront
bientôt flotter, en grand nombre, nos pavil-
lons nationaux destinés à faire respecter le
droit des gens qui, comme on l'a judicieusement remarqué, ne devrait consister, suivant
l'immortel *Montesquieu*, qu'à *faire, dans la
paix, le plus de bien, et, dans la guerre, le
moins de mal qu'il est possible.* (1)

Les principaux accessoires d'un port national sont, avec les comestibles propres aux
navigateurs, les bois de toutes espèces et
les autres matières nécessaires à la construction
comme à l'armement de nos bâtimens militaires.

L'excellente qualité des bestiaux élevés ou
engraissés dans les herbages du *Cotentin*, est

(1) On détruisait, on bombardait autrefois les re-
paires des brigands et des pirates; on bombarde aujourd'hui, mais heureusement sans succès, les asiles
des citoyens paisibles.

universellement connue. Le talent et le goût
particulier des possesseurs des terres labourables pour l'agriculture, leur travail assidu,
le cas extraordinaire qu'ils font de leurs propriétés, telles qu'elles soient, le soin qu'ils
ont de les environner de retranchemens fortifiés par des haies-vives et des futaies dispersées ou continues, ont fait appeler leur
pays *le Bocage*, et présentent des ressources
en tout genre.

Par une culture plus soignée, le plus petit
propriétaire y compense ce qui manque à l'é-
tendue de son territoire et force quelques fois
ses voisins les plus riches d'acheter les fruits
de ses sueurs et de son industrie. Sa frugalité
lui procure une espèce de superflu qui ne
suffirait pas à ce que d'autres appellent le
nécessaire. La plupart des laboureurs retran-
chent le froment de leur nourriture habituelle pour l'envoyer au marché (1)

L'heureuse situation de la rade de Cher-

---

(1) L'habitant *du Bocage* se croirait pourtant heureux si son travail et ses privations n'avaient pas été
aggravés par le fisc. Une ancienne erreur, que le gouvernement le plus juste n'apperçoit pas toujours assez
tôt, rendait excessive la part contributoire de la *Basse-
Normandie*, dans les impositions publiques. La population de ce pays est plus considérable que sa richesse
et pouvait faire illusion; mais cette population commence par être à charge aux pères de famille avant
d'être une ressource pour eux et pour l'Etat.

bourg et son mouillage semblèrent la destiner à recevoir les vaisseaux du premier rang,
comme à les expédier avec facilité : il était
donc à desirer qu'on y mit en activité des
chantiers de construction relatifs à sa destination. Tout annonce que ce sont aussi là
les vues du Gouvernement. Déjà l'emplacement
des chantiers provisoires est désigné.

Au Nord du premier des bassins du port
Bonaparte doivent, d'ailleurs, être creusés,
comme nous l'avons vu, trois formes de construction permanentes, auxquelles sera jointe
une pompe à feu tellement disposée que son
mouvement les asséchera pendant les travaux
des constructeurs.

Si l'on ne peut pas lui substituer des moulins d'épuisement, dont l'usage est si fréquent
dans les Pays-Bas Hollandais, l'aliment de
cette pompe à feu sera, sans doute, la houille
ou le charbon de terre, dont la consommation
deviendrait considérable ; la mine de *Litri*,
celle du *Plessis* (1) peuvent en fournir.

Mais les indices, les *attraits* signifians qu'on
découvre à Cherbourg même, entre les montagnes du *Roule* et de la *Fauconnière*, semblent y
annoncer l'existence de ces fossiles inflammables. On a souvent trouvé du charbon de terre
sur les possessions des citoyens *Maurice*, *Du-
boscq* et *Cuvier*, soit dans les fouilles superfi-

(1) Près du bourg de Prétot.

cielles qu'on y faisait, soit sous des roches énormes qui s'étaient détachés de la montagne. Il existe, dans le voisinage, une fontaine minérale et une carrière d'ardoise où l'on a quelquefois rencontré des affleuremens également inflammables (1).

Si toutes ces apparences laissent encore des incertitudes, ne serait-il pas de l'intérêt national que le Gouvernement fit fouiller les terrains indiqués? Un puits de *seize* à *vingt* mètres (*cinquante à soixante pieds*) de profondeur, une galerie d'écoulement, qui communiquerait à ce puits, suffiraient pour s'assurer de la vérité.

La dépense d'une pareille fouille serait peut-être au-dessus des facultés de quelques-uns des propriétaires, dans un pays où quelques dettes publiques sont, depuis long-tems, arriérées, et où la nécessité de fournir aux besoins de chaque jour absorbe toutes les spéculations.

Mais elle ne serait rien pour le Gouvernement, ni par elle-même, ni relativement aux sommes destinées pour l'établissement d'un Port National, ni par rapport aux avantages incalculables qui résulteraient de l'exploitation d'une

(1) Le citoyen Jacques-Joseph *Sorel*, membre de l'ancienne académie de *Rouen*, peut donner à cet égard des indications précieuses. Il a, comme son frère, des connaissances étendues, principalement en minéralogie. Son zèle et son activité sont infatigables.

mine de charbon de terre, à l'entrée du port même qu'elle approvisionnerait. Ce port essentiel en fournirait, d'ailleurs, aux autres ports français, et nous cesserions d'être, à cet égard, tributaires des îles britanniques.

Plusieurs navigateurs ont remarqué, qu'à partir des provinces occidentales d'Angleterre, en faisant route au Sud-Est, pour arriver aux côtes françaises de la Manche, le mouillage du canal avait souvent un fonds de charbon de terre. Les bancs de ce fossile se prolongent, sous la mer, d'un pays à l'autre, jusque dans l'intérieur du département de la *Manche*.

Quelle que soit l'époque de la secousse ou de l'inondation, qui ont formé le canal qui sépare l'Angleterre du continent, bien des observations topographiques semblent indiquer le déchirement de cette extrémité de l'Europe.

Le Nord de la Flandre et de l'Allemagne tient à la Grande-Bretagne, par une infinité de bancs intermédiaires; *Calais* touche à *Douvres*; l'île de *Wigh* paraît détachée de la baie de Cherbourg, et notre Bretagne a *son Finistère* vis-à-vis des dernières terres du *Cornouailles Anglais*.

Aussi nos mines de charbon de terre, dont nous ne connaissons encore que la superficie, paraissent-elles devoir être aussi nombreuses et aussi abondantes que celles de l'Angleterre; mais comment juger de leur qualité tant qu'on n'en aura pas creusé les puits à une profondeur assez considérable ?

L'exploitation de la mine de *Litri* n'est pas ancienne ; à peine celle du *Plessis* commence t'elle et les autres mines du département de la *Manche*, telles que celles de *Carteret*, de *Bricquebec*, de *Carquebut*, de *Néhou*, de *Moon-sur-Airel*, quoique depuis long-tems connues, n'ont pas même été toutes essayées. Celles de l'ancienne Flandre, mieux et plus long-tems exploitées, ont acquis de la réputation.

On regrette, avec raison, que la forêt de *Brix* qui s'étendait jusqu'à Cherbourg, dont elle prenait quelquefois le nom ; que celle de Bricquebec et plusieurs autres aient été détruites, avant la révolution, dans un tems où l'on s'occupait déjà de la rade et du port de cette ville intéressante, et dans un pays où la terre recèle le fer, le plomb et plusieurs autres minéraux et fossiles d'un usage universel.

La restauration de notre marine, en ouvrant toutes les communications, nous procurera des ressources étrangères ; mais il faut, avant tout, mettre en usage celles qui nous sont propres.

Nous avons observé que les bois de construction qu'apportent la Seine et ses affluans, peuvent arriver directement à Cherbourg, par les bâtimens de transport qui longent, sans danger, les côtes du *Calvados* et de la *Manche* ;

les

les obstacles qu'on voudrait leur opposer sont d'autant moins à craindre que les îlots *St.-Marcouf* sont actuellement en notre possession.

Cet avantage doit augmenter, par l'établissement de différens canaux qui doivent faire communiquer à la *Seine*, les rivières et les fleuves de nos anciennes et nouvelles possessions du *Nord.*

Une ressource encore plus prompte se trouverait peut-être dans la facilité qu'on aurait de conduire, par l'*Yonne* à la *Seine*, ceux des bois de la forêt de *Fontainebleau*, qui se trouveraient propres à nos constructions navales. Les forêts de *Senar* et de *Rougeau* ne pourraient-elles pas aussi contribuer de quelque chose à ces constructions essentielles? Enfin, n'en serait-il pas ainsi de celles de *Compiègne*, de *Senlis* et de tant d'autres qui sont assez rapprochées de l'*Oise* pour y faire parvenir leur contingent?

Nous sommes bien éloignés de penser qu'on doive dévaster les forêts, sous quelque prétexte que ce soit, mais combien d'arbres précieux n'a-t-on pas vu dépérir de vétusté, dans celle de Fontainebleau, par la seule raison qu'on la destinait aux plaisirs de la chassse? C'était abuser de nos productions domaniales que de ne pas les faire servir à la prospérité publique dans un tems utile et marqué par la nature.

b

Mais il est d'autres futaies que celles des forêts; le Gouvernement peut encore jeter, avec satisfaction, le coup d'œil du génie sur tous les arbres attachés au sol français.

Personne ne déplore avec plus de sincérité que le vrai républicain, les pertes gratuites qu'ont occasionné les abus de la révolution. La liberté consiste, sur-tout, dans le droit de demander l'observation des lois, et de publier des vérités utiles, avec autant de décence que d'impartialité.

Il était tems que le Gouvernement créât ou fit revivre les réglemens qui tendent à la conservation des forêts et à l'avantage inappréciable qu'il peut retirer des bois de hautes futaies aliénés par les propriétaires. C'est à l'exécution uniforme et générale de ces lois que doivent, sans cesse, veiller les administrateurs forestiers. Que de préjugés à vaincre, que d'occasions de montrer leur zèle et leur intégrité, pour déraciner les abus introduits, avec une espèce de publicité, par quelques administrations antérieures à la révolution!

Combien de baliveaux supprimés, de bois de réserve abattus, de forêts déprédées, sur des procès-verbaux et des rapports mendiés et livrés à la protection ou à la vénalité? Que serait aujourd'hui la marine d'Angleterre si toutes les futaies englouties par les possesseurs des grands domaines engagés, par les

évêques et les abbés, par les corps ecclésias-
tiques et religieux, par toutes les espèces
d'usufruitiers, d'après des permissions obte-
nues sur des exposés concertés, avaient été
employés à la construction de nos vaisseaux
de ligne et de nos autres bâtimens militaires?
Sont-elles enfin taries ces sources impures de
nos guerres maritimes , de nos humiliations
et de nos malheurs publics ?

Des commissaires choisis par le Gouvernement, dans le corps de la marine , sont autorisés à faire la visite, le triage et la marque
des bois propres aux constructions navales,
soit dans les forêts nationales, soit parmi
les arbres vendus sur les possessions particulières. Cette mesure, bien exécutée, procurera nécessairement de grandes ressources.
On prétend que quelques administrateurs re-
gardent, comme des espèces d'usurpations,
la recherche et la sortie des bois destinés
aux ports , situés hors de leurs départemens,
comme si le service de la marine nationale
ne devait pas exciter le zèle de toutes les
administrations françaises.

Il sera toujours facile au Gouvernement de
vaincre de pareils préjugés, auxquels nous ne
pouvons croire. Les ports militaires ne se
trouvent pas, à beaucoup près, dans tous les
départemens, on pourra dès-lors destiner à
chacun de ces ports un arrondissement très-

étendu sans que l'administration générale
perde jamais le droit de faire parvenir des
secours de toutes espèces, d'une extrémité de
la République à l'autre. Mais la fondation
du *port Bonaparte* et ses premiers travaux
de construction, depuis si long-tems entravés,
exigent, comme tous les nouveaux établissemens, des approvisionnemens et des soins
extraordinaires.

Quoique les ressources locales aient été bien
affaiblies, on trouve encore de *St-Sauveur* à
Cherbourg, à *Valognes*, à *Montebourg*, à *la
Hougue* et à *St-Pierre-Eglise* des restes des
anciennes futaies du canton.

Au-delà du petit Vey, les vestiges du bois
de Neuilly et de ceux des environs, conduisent
à la forêt *de Cérisy*, mieux conservée qu'elle
l'ait jamais été. Il s'y rencontre des massifs
considérables, mis en coupes successives et
composés, en partie, de chênes que la marine doit s'empresser de mettre à profit. L'ancienne route, dite de la mine *de Litry*, rendue praticable, ou tout autre chemin, qui
ne sera jamais de plus de deux myriamètres
ou de quatre lieues, peut les conduire au
port d'*Isigny*, voisin de celui de *Cherbourg*.

Les bouquets de bois et les arbres isolés
du *Bocage* présentent, à la construction navale, des matériaux plus considérables. L'usage
de ne point émonder les chênes, afin de les

conserver sains et entiers, y est assez généralement répandu. L'expérience apprend que
ces arbres, ainsi dispersés et ménagés, reçoivent de l'air et du soleil de plus fortes impressions; le bois en est moins spongieux, plus
compact, plus durable que celui des chênes
des forêts elles-mêmes, dont les productions,
trop serrées, s'ombragent les unes les autres.
Les chaloupes canonnières et les bateaux de
tous les ordres, qui sont actuellement sur les
chantiers *de Cherbourg*, y sont construits avec
les bois épars du canton, recueillis par les
différens entrepreneurs. Les moins connais-
seurs, en ce genre, en apperçoivent la solidité.

Les arbres de l'ancien Bocage, proprement
dit, sont d'une aussi bonne qualité, mais ils
occupent un plus grand territoire et sont plus
abondants. Les deux villes principales de ce
pays, qui s'étend au Sud jusqu'aux départemens de l'*Isle-et-Vilaine* et *de la Mayenne*, sont
Vire et *Saint-Lo*, connues toutes les deux,
dans le commerce, par des manufactures d'é-
toffes estimées, et beaucoup plus solides que
brillantes.

La ville de Coutances, chef-lieu de l'évêché
de ce nom, ancienne capitale du *Cotentin*,
et celle d'*Avranches*, où était encore le
siège d'un ancien évêché, offrent aussi, dans
leurs arrondissemens, un grand nombre de

terrains bien boisés. *Coutances* a d'excellentes manufactures de toiles et de coutils.

Cherbourg, la ville la plus peuplée du département de *la Manche*, se trouve à son extrémité boréale, ensorte que les bois exis-tans au centre et à l'autre extrémité de la langue de terre qui compose ce département, seraient, à l'égard du port *Bonaparte*, d'un transport difficile, par terre, pour ne pas dire impossible. Heureusement cette langue, environnée de la mer de plusieurs côtés, se trouve encore baignée par différentes rivières navigables dans une partie de leur cours, et susceptibles de le devenir à des distances moins éloignées de leurs sources.

La *Douve*, qui passe au Nord, et la *Taute*, qui coule au Sud-Est de *Carentan*, portent dans les environs de cette ville, des bateaux de 25 à 30 tonneaux au moins, destinés au transport des denrées et des marchandises du canton; mais plus particulièrement à celui du sable de mer appelé *Tangue*, dans le pays. Cet excellent engrais, chargé de sel, est le résidu des terres du *Bessin* et du *Cotentin*, entraînées à l'embouchure des rivières, d'un côté, par les courans de la mer, et de l'autre, par ceux des rivières mêmes, ce qui produit des remous propres à fixer les alluvions. La *tangue* paraît avoir pris sa dénomination de l'effet que produisent les bancs qu'elle forme

sur lesquels les bâtimens éprouvent l'espèce
de balancement de l'avant à l'arrière, que
les marins appellent *tangage*, ou plutôt, cette
dernière expression semble dérivée de la première,

La source de la *Douve* est dans la forêt de
Brix, près la rivière de *Saire*, qui coule à
l'Est ; elle n'est également qu'à deux kilomètres
du cours de la *Divette* qui, vers le Septen-
trion, se rend au port de *Cherbourg*. Ne serait-il pas à souhaiter qu'on put réunir en
assez grande quantité les eaux de ces rivières,
pour les porter, alternativement, aux *Veys*
et à Cherbourg, au moyen de quelques canaux et d'écluses ? La navigation qui en résul-
terait faciliterait le transport des bois des
cantons de *Brix*, de *Bricquebecq* et de *St.-
Sauveur* ; elle établirait une communication
intérieure entre *Cherbourg* et *Isigny* qui pourraient alors se transmettre sans danger leurs
productions respectives. On assure que l'entre-
pôt pourrait être établi près de l'embouchure
de la *Douve* et de la *Taute* réunies. C'est
encore vers ce point que la *Vire* et *l'Aure*
viennent s'emboucher dans la mer, au *Sud*
des îlots Saint-Marcouf, dont une anse pourrait
peut-être devenir l'asile des bâtimens de commerce, si les courans n'y mettent pas un obstacle
invincible. Enfin la *Diélette*, autre rivière qui
coule à l'Occident, où elle forme un port de

relâche pour les petites embarcations, prend aussi sa source près de la *Divette* et de quelques affluens de la *Douve*.

Dans les premiers mois de l'an 10, le Gouvernement, qui voulait vaincre quelques préjugés et dissiper des terreurs qu'il n'approuvait pas, ordonna la visite et le nivellement du cours de la *Douve* et celui d'une partie des terres et des côtes qui l'avoisinent.

Le citoyen *Legrand-Mollerat*, chef de bataillon du génie, fut chargé de cette opération. Ses talents et son activité vinrent bientôt à bout de dissiper toutes les craintes et de présenter, pour la presqu'île du Cotentin, un judicieux système de défense. Il paraît avoir étendu ses vues sur l'exécution du projet, tant de fois formé, pour le desséchement des marais traversés par la *Taute* et par la *Douve*, et sur le perfectionnement de la navigation de ces deux rivières. Nous n'avons pas eu sous les yeux les plans de cet officier distingué ; mais nous voyons, avec plaisir, que, par son arrêté du vingt-trois Fructidor an onzième, le Gouvernement destine une somme considérable aux premiers travaux du desséchement des marais du *Cotentin*.

C'est une riche conquête que la République veut faire paisiblement dans son sein, au moyen de quelques canaux faciles à creuser dans

une

une terre grasse et argileuse. Tous les terrains inondés par les eaux dormantes de la *Douve* et de la *Taute*, ne sont pas d'une qualité supérieure, mais l'écoulement de ces eaux augmentera considérablement les excellens pâturages du pays.

La *Vire* qui, vers sa source et son embouchure, divise les départemens du *Calvados* et de la *Manche*, arrose, du Sud au Nord, une grande partie de celui-ci, dont elle est le récipient le plus considérable. Son cours est d'environ 12 myriamètres (24 lieues communes), et quelques géographes, dans les cartes particulières du diocèse de *Coutances*, lui désignent *cinquante-quatre* affluens, dont un grand nombre ne sont que des ruisseaux.

Cette rivière a sa source à sept ou huit kilomètres, au Sud, de la ville de *Vire*, au pied septentrional de la *butte de Brimbal*, commune du *petit Trudemer*. Le *Roulours*, à l'Est, la *Vironne*, au Midi, la *Dattée* et la *Brévogne*, au Couchant, prennent naissance et lui portent leurs eaux, non loin de son origine. Ce ne sont pas des confluens destinés à former un fleuve ; mais ils suffisent pour commencer une rivière du troisième ordre, qui ne cesse de recevoir des accroissemens jusqu'à son embouchure dans la *Manche*, au Sud des îlots *Saint-Marcouf*.

Il est à remarquer qu'autour de la petite

c

montagne appelée *butte de Brimbal*, se trouvent les bassins d'un très-grand nombre de
ruisseaux et de rivières qui versent leurs eaux
dans toutes les directions et vers les quatre
principaux rumbs de vent.

La *Vire*, le *Noireau*, l'*Egrenne*, la *Sée*,
prennent toutes leurs sources et commencent
à couler, au pied de ce mont isolé, par des
pentes diamétralement opposées. Tandis que
la *Vire* se dirige au Nord, le *Noireau* se
porte, vers l'Est, jusqu'à son conflent avec
l'*Orne*, à une distance de quatre myriamètres
ou de huit lieues ; l'*Egrenne* coule au Midi
pour se jeter dans la *Varenne* qui se joint
à la *Mayenne*, dont la *Loire* reçoit les eaux.
La *Sée* détermine son cours vers le Couchant
et, près de son embouchure, devient le récipient de la *Sélune*, en arrivant à la baie,
ou plutôt, à la grève du Mont St.-Michel.

La *Sélune* prend sa source au-delà de Ba-
renton, près de la *Lande-pourrie*. Elle reçoit,
vers son origine, quatorze ou quinze affluens,
entr'autres la petite rivière de *Friette*, d'un
côté, et de l'autre, celle des *Lances* qui
passe à *Mortain*. Son cours, du Levant au
Couchant, est de plus de cinq myriamètres
(dix lieues); il s'approche de *Saint-Hilaire-
du-Harcouet* et de *Ducé*, dont les cantons sont
couverts de bois.

Que de ressources la nature semble présenter

à l'art, dans les côteaux divergens qui partent
de la butte de *Brimbal*! Ces epèces de contre-forts sont autant d'arrêtes qui séparent
les versans de toutes ces rivières. Si l'on creu-
sait, dans les environs de ce monticule, et
le plus bas possible, un bassin circulaire ou
elliptique qui absorbât toutes les sources voisines, pour devenir un réservoir général, d'où
l'eau se distribuerait, à volonté, dans les lits
et les canaux les plus favorables à la navigation, n'y trouverait-on pas un point de
partage unique en son genre et marqué par
la nature ?

Ce bassin orbiculaire pourrait avoir des interruptions formées par des terre-pleins sy-
métriques, à travers lesquels les eaux flueraient
par des canaux de communication respective.
Le *Brimbal*, s'élevant au milieu de ce réservoir
intarissable, deviendrait, tout à la fois, un
objet d'agrément et une source plus féconde
d'abondance perpétuelle. On recueillerait ainsi,
non loin de leurs sources, bien des eaux trop
faibles pour couler séparément avec utilité.
Mais en les réunissant à propos au réservoir
commun, elles en augmenteraient, elles en
partageraient la masse et les avantages.

L'hydraulique s'emparant alors de la direction de ces eaux réunies, centuplerait l'utilité de leurs cours et diminuerait les inconvéniens des inondations accidentelles.

Laissons aux hommes de l'art le soin d'apprécier l'usage qui pourrait être fait des objets rassemblés sur ce point intéressant. Leurs talens seuls peuvent applanir les difficultés que présenteraient , en certains endroits, l'aspérité du terrain, l'encaissement de quelques ravines profondes, l'escarpement des rochers, au milieu de prairies et de vallons sans cesse arrosés, et de moulins toujours mis en activité, pour la prospérité des manufactures du pays. (1)

Si le pinceau n'a pas encore tracé le tableau de ces sites pittoresques , ils n'en sont pas moins déjà connus pour avoir inspiré l'invention de la plus légère et de la plus gaie de nos poésies fugitives. C'est là qu'un heureux et simple habitant du *Val de Vire* , touché de l'agréable variété de la nature champêtre, multiplia ces rondes naïves et charmantes, ces *Vaudevilles* piquans qui réunissent souvent , au sel et à la facilité de la composition , la délicatesse et la sensibilité. (2)

(1) Ce sont des manufactures de draps et de papiers communs , que la médiocrité de leur prix rend d'un usage général.

(2) Il fallait donc que l'ancienne Normandie produisît le germe de presque toutes nos espèces de chants poétiques. Si les bords de la *Vire* ont fait naître les riantes saillies du Vaudeville et l'enthousiasme de *Brebeuf*, mêlé quelquefois de noblesse et d'élévation; ce fut à Caen, près du canal de *l'Orne* , qu'enfin *Malherbe* vint toucher souvent la lyre d'*Apollon ;* que *Segrais* , Bois-*Robert*,

Les sources fécondes de la Vire, retenues
et dirigées avec art, pourront étendre au loin
sa navigation, vers le midi ; mais déjà, pendant plus d'un tiers de son cours septentrional,
cette rivière est navigable, depuis son embouchure jusqu'à la ville de Saint-Lo, dans
un intervalle de quarante kilomètres, ou de
huit lieues, au moins. On n'a peut-être jamais employé le secours de l'art pour perfectionner cette navigation ; il est manifeste
qu'on a beaucoup fait pour l'intercepter. Elle
est encore susceptible d'amélioration, mais
parmi les moyens à choisir pour l'opérer, on
ne doit mettre en œuvre que ceux qui feront
voguer les bateaux de transport, sans nuire
aux gras pâturages qui bordent la *Vire inférieure.*

Il est des rivières bien plus considérables ;
il est des canaux plus importans, par leur position intermédiaire entre des villes d'une nombreuse population et d'un commerce florissant ;

Sarrazin et tant d'autres, firent entendre leurs poésies légères et leurs danses pastorales ; ce fut à Rouen,
près du canal de la Seine, que le père de la sublime
tragédie prit un essor qu'il est, peut-être, impossible
d'atteindre : ce fut là que le second des *Corneille*, que
Fontenelle, embellirent les productions du parnasse Français ; ce fut dans cette province que naquirent les *Postel*,
les *Bochart*, les *Tannegui-Lefebvre*, les *Huet*, les *Vari-
gnon*, les *Duhammel* et tant de vrais savants qui ont
étendu le dépôt des connaissances humaines.

il en est qui forment la communication des deux grandes mers de l'Europe, mais il en est peu dont les rives offrent, aussi souvent qu'elle le fait, des herbages précieux, nommés *engrais*, dont les bestiaux ne sortent que pour servir à la subsistance des habitans et pour alimenter la capitale. La navigation des rivières ordinaires peut-elle jamais avoir un but plus intéressant ?

Heureusement rien n'est plus facile que de rendre la *Vire* inférieure parfaitement navigable, en améliorant encore les herbages et les prairies qu'elle arrose. Un coup d'œil sur sa situation et l'analyse des différens projets relatifs à sa navigation, qui sont venus à notre connaissance, suffiront pour établir cette consolante vérité.

Preste à se réunir à la mer, la *Vire* reçoit au grand *Vey*, les eaux de la rivière d'*Aure*, qui vient du *Pont-Mulot* et de *Bayeux*, et par laquelle elle communique au port d'*Isigny*. Elle partage, entre ce dernier bourg et *Carentan*, l'une des grandes routes de Paris à Cherbourg. C'est là qu'elle forme le passage du *petit Vey*, quelques fois dangereux par les sables mouvans, et qui, malgré sa dénomination, (1) n'est pas toujours guéable; alors les bateaux ou les bacs reçoivent les passagers.

(1) Les *Veys*, du mot latin *vada*, signifient évidemment les *gués* de la rivière.

Depuis les *Veys* jusqu'à *Saint-Lo*, la navigation de la Vire n'est qu'une seule fois interrompue. Le seuil de cette interruption s'appelle *Les clefs de Vire*, désignatiou arrogante
par laquelle les anciens barons de la rivière
distinguaient la digue de barrage qu'ils avaient
fait construire, à neuf à dix kilomètres au
dessous de Saint-Lo, pour conduire les eaux
vers les biefs de leurs moulins. Le plan incliné
que forme l'extérieur de cette digue, verse
le superflu des eaux de la retenue dans une
partie profonde de l'ancien lit de la rivière.

La fosse dans laquelle ce déversoir les préci-
pite reçoit encore celles de la décharge des
moulins et quelques parties des vives-eaux de
la marée montante, à laquelle le seigneur
du lieu prescrivait ainsi des bornes. Tous ces
affluens, réunis au même point, y forment
une pêcherie de saumon très-abondante.

C'est là que les gabares, venues du bas de
la rivière et du port d'*Isigny*, sont obligées
de laisser leurs cargaisons. Le déchargement
s'en fait sur les emplacemens désignés par
les propriétaires riverains, sans qu'il soit actuel-
ment possible de les verser directement d'une
embarcation dans l'autre. Bien des circonstances forcent quelques fois d'emmagasiner
les marchandises; on est toujours obligé de
faire transporter les cargaisons, du lieu de
leur débarquement au nouvel embarcadère,

quelque rapprochés qu'ils soient l'un de l'autre,
et toutes ces opérations, qui se renouvellent
lorsqu'il s'agit de descendre la rivière, occasionnent souvent des abus de la part de ceux
qui, dans un cas pressant, mettent à la place
de la justice leurs volontés particulières.

Les barons de *Saint-Lo* s'y sont également
emparés du lit de la rivière, et ces seigneurs
puissans eurent bien des petits imitateurs. C'est
ainsi que, par des actes multipliés d'autorité
féodale, l'intérêt particulier sacrifiait ordinairement l'intérêt général. Mais dans un gouvernement sagement ordonné, quoique les lois
aient le bien public pour objet principal, elles
tendent toujours à l'opérer au moindre préjudice possible de chaque individu.

La tradition veut que le célèbre *Vauban*,
qu'on associe volontiers à l'invention de tous
les projets utiles, ait communiqué dans son
tems, au Gouvernement, les moyens de con-
vertir le lit de la *Vire* en un canal de navigation intérieure, plus intéressant qu'il ne l'est
déjà par lui-même.

Ce grand homme, aussi excellent citoyen
qu'ingénieur-militaire illustre, ne se sera pas
permis d'oublier ce service à rendre à sa patrie,
dans un canton dont il tirait son origine.
Le zèle du bien public qui dévorait l'auteur
de tant de chef-d'œuvres de fortification, lui
avait aussi dicté son traité de la dixme royale,
dans

dans lequel il se proposait, sur-tout, l'abolition de la taille, si vexatoire par l'incertitude et l'interprétation arbitraire de ses bases de répartition. Après avoir cherché les moyens de soulager le peuple, il devait trouver ceux d'augmenter la prospérité publique.

On assure que les plans de *Vauban*, concernant la navigation de la *Vire*, sont encore au dépôt du ministère de l'intérieur, (1) et que plusieurs de ceux qu'on a présenté depuis, ont avec les premiers, bien des traits de conformité. Il serait, au reste, impossible que cette ressemblance ne se rencontrât pas dans les plans de perfectionnement d'une navigation naturellement existante.

En 1716, M. *Morel*, ingénieur à *Caen*, présenta les moyens de naviguer, sans interruption, sur la *Vire*, non seulement depuis son embouchure jusqu'à *Saint-Lo*, mais encore jusqu'à la commune de *Condé-sur-Vire*, à dix kilomètres (environ deux lieues) au-dessus de Saint-Lo, et à cinq kilomètres, au plus de *Torigny*.

Condé, qu'on proposait alors pour être le

(1) Il sera consolant de retrouver dans des mains fidèles jusqu'aux moindres projets utiles à la France, tandis que des ex-ministres continuent de s'avilir en dévoilant, à ses plus cruels ennemis, le secret des dépôts publics qui leur avaient été confiés, après leur avoir livré nos armées.

d

point extrême de la navigation de la Vire-inférieure, se trouve situé vers le centre d'un des cantons du *Bôcage*, le plus abondant en bois de haute futaie. Du bourg du *Guillain* et de *Soule* à *Maison-Celle*, et au bois de la *Ferrière*, du bois d'*Elle* et de *Caumont* à *Landelle*, les arbres et les futaies sont à peu près aussi multipliés qu'ils puissent l'être dans un pays où la culture des terres occupe une partie des habitans. Les sources de la *Vire* sont elles-mêmes environnées des forêts de *Halouse*, d'*Andaime*, de *Saint-Sever* et de la *Lande-Pourrie*.

Une société particulière sollicitait, récemment, l'autorisation dont elle avait besoin, pour reculer le seuil de la navigation de la *Vire* jusqu'aux environs de la ville de ce nom, qui offre les mêmes ressources pour les constructions navales. On assure que ce nouveau projet a fixé l'attention du Gouvernement. Les recherches et les procédés indiqués par *Robert Fulton* doivent fournir, en grande partie, les moyens qu'on a dessein d'employer pour la navigation de la *Vire* supérieure. Celle-ci doit présenter, en effet, d'autres difficultés que celles de son canal septentrional.

En l'an 3 de la République, le citoyen *Deschamps*, ancien ingénieur-géographe, visita le cours de la *Vire*, et la sonda, depuis *St-Lo*, jusqu'au-delà de *Montmartin-en-Graigne*.

Ses plans et le devis des travaux qu'il proposait, pour améliorer la navigation de cette
partie de la rivière, ont été déposés aux ar-
chives de la municpalité de Saint-Lo. Le double de ces projets fut adressé par elle à la
députatation de la Manche, qui a dû le faire
parvenir au Gouvernement.

En l'an 7, les Conseils des différens arrondissemens et les membres de plusieurs sociétés
de commerce et d'agriculture du département
de la Manche, exposèrent les moyens de prospérité qu'on pourrait employer en sa faveur.
Ils considérèrent, comme un des plus essen-
tiels, la navigation de plusieurs des rivières qui
le traversent dans toutes les directions, ils
apperçurent *la possibilité d'en joindre quelques-
unes à celles des autres départemens, pour
faire participer celui de la Manche aux relations fluviales dans l'intérieur de la République*,
quoique le préjugé contraire parût adopté dans
un mémoire qui leur était alors adressé par
le ministre de l'intérieur.

Enfin le citoyen *Pitrou*, ingénieur en chef
de ce département, sous les yeux duquel tous
ces projets ont nécessairement été mis, s'est
empressé d'indiquer les travaux à faire pour
réaliser ce qu'ils offraient d'utile, pour en
étendre et en perfectionner les vues. Je dois
à son honnète complaisance la communication de trois plans concernant la navigation

de la Vire-Inférieure. Les deux premiers ont pour but l'établissement de deux écluses, l'une en amont, l'autre en aval de chacun des moulins des *Clefs - de - Vire* et des moulins dits *de Vire*, près Saint-Lo. Ces quatre écluses, placées à des distances convenables les unes des autres, donneraient aux bateaux la facilité de remonter la rivière, sans interruption, jusqu'au-dessus de Saint-Lo.

Le troisième offre un canal de jonction entre la *Taute* et la *Vire*, dont le lit, aux points indiqués par le plan, est d'environ cinq mètres, ou de quinze pieds, plus bas que celui de la *Taute*. La longueur de ce canal serait à peine de huit kilomètres, (une lieue et demie). Il commencerait au Nord et un peu au-dessus de l'église de *Graigne*, passerait près de celle de *Montmartin*, traverserait les vastes marais de ces deux communes, qu'il dessécherait, augmenterait la vitesse du cours de la *Vire*, creuserait son lit, à marée basse, convertirait en excellentes prairies ses bords marécageux, dans cette partie, rendrait enfin les vives-eaux moins dommageables, par leur écoulement plus rapide dans un canal devenu double et plus profond.

Le même plan trace un autre canal de cinq kilomètres (une lieue) depuis les environs du bac de Saint-Fromond jusqu'au confluent de la rivière d'*Airel* avec la *Vire*. Ce canal, en re-

dressant le cours de cette rivière, diminuerait la longueur de l'espace à parcourir, abre-
gerait le tems de la navigation et faciliterait
encore l'écoulement des eaux.

Les projets de l'Ingénieur en chef du Département de la *Manche*, embrassent toute
l'étendue de cette division du territoire français. Ils ont eu même pour objet l'exhaussement de la digue qui ferme, au Nord, la
rade de *Cherbourg*; (1) mais c'est à lui qu'il appartient de développer, avec tout l'intérêt
qu'elles méritent, ses heureuses conceptions.

On ne peut assez s'étonner que la *Vire*, qui
ne présentait aucun obstacle invincible à la navigation continue, depuis le *Port d'Isigny*,
jusqu'à *Saint-Lo*, n'ait jamais été l'objet d'aucuns autres travaux que de ceux qui pouvaient
diminuer ses avantages, soit en détournant
son cours pour le rendre plus tortueux, soit
en l'interceptant tout entier.

Il reste encore quelques parties de son ancien lit, connues sous le nom de Vieux Cours,
qui tendaient bien plus directement que le
nouveau vers l'embouchure de cette rivière.
Comment ne pas être tenté de reconnaître,
dans ces opérations, la main de la féodalité

(1) L'élévation de cette digue, au-dessus des vives
eaux, fait partie des travaux ordonnés par le Gouvernement C'est un des accessoires les plus importans du Port
Bonaparte. Le cit. *Dupart*, Ingénieur, en dirige
l'exécution.

qui, pour augmenter ses prétentions et favo-
riser ses intérêts, dégradait ainsi le lit d'une
rivière navigable? Aussi, pour la rendre à
sa nature première, suffirait-il de supprimer
les obstacles factices dont son cours est em-
barrassé.

Mais, quoiqu'il fût á souhaiter que, pour
mettre en mouvement le rouage des moulins,
on ne se fut servi des eaux destinées à naviguer que par des prises et des chûtes latérales, on ne peut qu'applaudir au dessein de
conserver l'usage précieux de ces moulins, en
rétablissant en même tems la liberté de la
navigation. Ce sera là l'effet infaillible des
différentes écluses que le projet de 1716, ainsi
que tous ceux qui nous sont connus, proposent
de construire dans le voisinage des moulins
dont les réservoirs ou les retenues sont
formés par des digues de barrage. Ce qui
constate, sur-tout, la sagesse de ces projets,
c'est, qu'en général, ils se bornent tous à
ne fixer l'établissement des écluses qu'aux
seuls endroits où les digues d'interception,
absolue en occasionnent la nécessité.

Les bords de la *Vire-Inférieure* sont ordinairement d'une trés-petite élévation et tiennent à des terrains précieux, à de gras pàtu-
rages qu'on doit préserver de l'innondation.
La crue des eaux, dans les bassins de retenue, pourrait leur causer des dommages con-

sidérables ; mais les ingénieurs n'indiquent, sur ces points, d'autres travaux à faire, pour perfectionner la navigation, que le redressement de quelques courbes, formées par le lit de la rivière et sujettes aux atterrissemens, ainsi que le creusement du sol qui manque de profondeur.

Les bas-fonds à caver, depuis les *Veys* jusque sous les murs de *Saint-Lo*, dans un intervalle de quatre myriamètres ou de huit lieues, ne donnent pas ensemble une longueur de trois cent cinquante mètres, ou de cent soixante-quinze toises. (1) L'unique canal de redressement à faire, dans le même intervalle, serait celui qui, sur un développement de cinq kilomètres, partirait du bac de *St.-Fromond* pour arriver au confluent de l'*Airel.* Ces travaux, dont l'exécution serait si facile sur

(1) Les seuls endroits à creuser, suivant le projet de 1716, sont 1.° un fonds de gravier de 5o toises de longueur, au-dessus des *Clefs-de-Vire*, au lieu nommé *Radivet* ; 2.° un autre de 6 toises, près du premier ; 3.° un fonds de 3 toises, au *Ronbuisson* ; 4.° depuis l'église de *Bahais* jusqu'à la pêcherie de *Cavigny*, un sol de 8o toises ; et enfin, sous le bois de *Rampan*, un autre de 7 toises ; en tout, 146 toises courantes, sur 4 à 5 pieds de profondeur. Nous remarquons, au reste, qu'il faudrait creuser de la même manière, sur 25 toises de long, l'emplacement de l'ancien pont ou du bac de *St-Fromond*, et ses deux parties supérieure et inférieure ; ce surcroît de profondeur suffirait pour la navigation des plus grandes barques.

une surface de peu d'étendue, loin de nuire aux propriétés qui forment les rives plates de la *Vire*, rendraient son cours moins lent et plus uniforme, préviendraient les inconvéniens des inondations, et donneraient passage à des barques plus considérables.

Le lit ou le canal de la *Vire-Inférieure* est, par lui-même, si propre à la navigation que, malgré les obstacles qu'on s'est efforcé d'y mettre, on y a vu flotter des bateaux de plus de 80 tonneaux. Ces sortes de gabarres se construisaient souvent près du bac ou du pont de *St-Fromond*. Des deux côtés de ce pont, à la distance de 20 mètres ou de 10 toises, on trouve, dans les basse-marées, jusqu'à 5 mètres ou 15 pieds d'eau. Mais des bateaux de 15 à 30 tonneaux ne suffiraient-ils pas pour offrir des ressources intéressantes au commerce et à l'agriculture ?

Les canaux de la navigation intérieure les plus importants, celui du Midi, par exemple, devenu si célèbre par les talens des *Andréossi*, dans la famille desquels, comme dans celle des *Gassendi*, la science paraît héréditaire, portent ordinairement des barques qui peuvent charger jusqu'à 2000 quintaux, ou 100 tonneaux; mais pour parvenir à cette espèce de navigation qui joint l'*Océan* à la *Méditerrannée*, quels nombreux efforts le génie, l'art et les finances n'ont-ils pas été obligés

gés de faire , malgré les secours de la nature qui devait nécessairement en indiquer le succès. Sur 225 kilomètres, ou 45 lieues de long, ce canal, *du Languedoc*, ne rencontre presque point de rivière dont le cours ait pu le remplacer avec avantage.

Ces rivières, en grand nombre, sont, presque par-tout, des torrens qui, suivant les expressions du savant historien de ce canal, *deviennent le récipient de toutes les eaux sauvages et bourbeuses des montagnes qui les avoisinent.* Loin de recevoir habituellement ces eaux pour augmenter celles du canal, ou de s'en servir pour le prolonger, on les dirige, lorsqu'elles le traversent , sous des ponts-acqueducs qui portent au-delà leurs troubles et leurs avalaisons (1).

La main des hommes a donc été forcée de creuser, dans presque toute son étendue , ce canal magnifique , regardé comme un chefd'œuvre dans la manœuvre et la conduite des eaux. Elles y sont dirigées de manière à transporter , pour ainsi dire, suivant *Zendrini, les navires sur les montagnes*, et, qui plus est , à les introduire à la nage dans leur

___

(1) *La Garonne* , elle-même , fleuve considérable qui, vers l'Océan , perpétue le canal depuis *Toulouse* jusqu'à *Bordeaux* , est tellement embarrassée dans son cours, qu'il faut quelquefois vingt bateaux de ce fleuve pour le chargement d'une seule barque du canal.

sein, jusqu'à-ce qu'ils aient outre-passé (1).

Mais l'entretien et les réparations annuelles du canal du Midi, renouvellent les dépenses de son établissement, interrompent souvent la navigation pendant deux mois sur douze, et ne laissent jamais sans inquiétude sur la so-lidité de plusieurs des parties qui le composent ou qui l'alimentent. Le chômage du canal, par la pénurie des eaux, n'est encore que trop fréquent, quoiqu'elles soient soutenues par soixante-deux écluses contenant cent un bassins et par quatre demi-écluses.

La largeur de ce grand canal, à la surface des eaux, est de 19 mètres 482 millimètres (60 pieds), dans le fond de 10 mètres 391 millimètres (32 pieds), sa profondeur d'un mètres 948 millimètres (6 pieds), sa largeur, des francs bords, de 11 mètres 688 millimètres (6 toises).

» La frêle existence de cette grande machine, » a-t-on dit dans l'histoire intéressante qui la » concerne, se trouve en prise, d'un côté, » aux pluies d'orages qui descendent à tor- » rents, en suivant les pentes des colines » qui la dominent; de l'autre, aux crues des » récipiens principaux qui rompent quel- » quefois la faible barrière qui retient les » eaux du canal dans leur lit. »

Les avantages incomparables de ce premier

(1) Percée du Malpas.

canal de France, nous pourrions dire de l'Europe (1), ont fait surmonter, pour l'établir, en quatorze ou quinze années, toutes les espèces de difficultés ; ils ont été l'occasion d'inventions ingénieuses et d'heureuses découvertes ; ils perpétueront son existence et le conduiront, sans doute, à sa perfection ; mais quoique les autres canaux de l'intérieur n'inspirent pas le même intérêt, la dépense et les efforts qu'ils exigent restent proportionnés à leur utilité et se trouvent relativement moins considérables.

Si le canal de *Briare*, pendant un cours de 65 kilomètres (13 lieues), est soutenu de quarante-une écluses, s'il en a fallu vingt-quatre pour rendre la petite rivière de *Layon* navigable pendant 60 kilomètres (12 lieues), le canal d'*Orléans*, beaucoup plus considérable, n'en exige que 30 sur un cours de 90 kilomètres (18 lieues). Les mêmes moyens ont rendu depuis long-tems navigables les plus faibles rivières des anciens *Pays-Bas*, dont le commerce sait apprécier l'utilité, malgré les avantages et les communications que lui

(1) On connaît le fameux canal de *Russie*, qui joint l'Europe à l'Asie, en communiquant du lac *Ladoga* au golfe de *Finlande* et à la *mer Baltique* par la *Néwa*, et par l'autre extrémité, à la *mer Caspienne* par le *Volga*, mais il faut deux ans pour parcourir cet espace immense dont la population et le commerce ne répondent point à son étendue.

procurent un grand nombre de fleuves ou de rivières du premier ordre.

Les habitans du département de la *Manche* seraient-ils les seuls qui restassent privés des bienfaits que leur offre la navigation intérieure ? Quatre écluses suffiraient pour conduire des bateaux chargés de 500 et de 1000 quintaux (25 et 50 tonneaux), à la distance de 40 kilomètres, depuis l'embouchure de la *Vire*, jusques sous les murs de *Saint-Lo*, près du pont qui conduit à la route de *Coutances*. La retenue des eaux de cette rivière, produite par la seule chaussée des moulins dits *de Vire*, forme, des deux côtés de ce pont, un beau canal qui peut donner une idée des facilités qu'elle présente à la navigation. Mais pour être convaincu de cette vérité, ne suffit-il pas que, dans le fait, on remonte habituellement la *Vire*, dans un intervalle de huit lieues, sur des embarcations considérables, à une seule interruption près; et qu'au moyen de quatre écluses, dont les entreprises faites sur le cours de cette rivière nécessitent l'établissement, sa navigation ne doive plus être interrompue ? encore ne faudrait-il que deux écluses pour arriver, sans obstacles, au petit emplacement appelé *Port-Cavelande*, qui se trouve au-dessous des moulins dits *de Vire*, et qui recevait autrefois, à l'extrémité d'un des faubourgs, de *Saint-Lo*, les cargaisons des

bateàux, y compris les pierres meulières et
la tangue si favorable à l'agriculture.

Briovère (Pont-sur-Vire) était autrefois
le nom de la ville de *Saint-Lo*, regardée
comme place forte avant l'usage de l'artillerie, et qui, depuis l'invention de ces armes
meurtrières, soutint encore différens sièges,
dont quelques circonstances particulières ont
fixé l'attention des historiens de notre monarchie. (1)

(1) Sous Louis XI, les *Bretons*, de concert avec le
duc de *Bourgogne*, ayant pénétré dans la Normandie,
jusqu'à *St-Lo*, donnèrent plusieurs assauts à cette place.
Repoussés par les habitans, les *Bretons* plus nombreux,
recommançaient souvent leurs attaques et paraissaient
devoir enfin réussir, lorsqu'une femme se mit à la tête
des assiégés, fut suivie par d'autres défenseurs de son
sexe, mit les ennemis en fuite et sauva sa patrie par
son intrépidité. *Jeanne Hachette*, sous le même règne,
s'illustra par les mêmes actions au siège de *Beauvais*,
mais son nom fut recueilli par la reconnaissance.

En 1574, *Bricqueville*, baron de *Colombière*, mourut
sur la brêche de *Saint-Lo* qu'il défendait pour les protes-
tans. Il eut le cruel courage de placer ses deux fils, encore jeunes, à ses côtés, pour sacrifier, disait-il, tout
son sang à la vérité évangélique.

L'ancienne *Briovère* et ses environs ont produit plusieurs hommes illustres, ou connus avantageusement dans
la république des lettres. Le cardinal *Davy-Duperron*,
si célèbre par ses connaissances et son éloquence persua-
sive, était originaire de cette ville; *Brebeuf*, ainsi nommé d'un fief de son nom, situé sur la *Vire*, près de
St-Lo; *Joachim le Grand*, profond historien politique;

Cette ville souvent ravagée dans le tems des guerres de religion, les plus cruelles des guerres civiles, a plusieurs fois trouvé dans le zèle de ses habitans et dans leur amour pour le travail, les moyens d'établir plusieurs manufactures. Ses serges croisées de différentes espèces, et distinguées en *fortes*, en *finettes* et en *raz*, ont eu long-tems de la célébrité. Ses nombreuses tanneries placées près de la *Vire*, et sur les bords de deux ruisseaux affluens, la *Dolée* et le *Torteron*, fournissaient entr'autres cuirs, des empeignes généralement estimées. Ses rubans de fil étaient communs, mais d'un usage universel dans certaines provinces. Il ne lui reste plus que sa manufacture de droguets, et, dans ses environs, celle des coutils de *Canisy*.

Le luxe et l'expulsion des corps religieux, qui s'habillaient des serges de Saint-Lo, ont presque anéanti cette branche de commerce. Il serait à souhaiter que quelques citoyens intelligens y substituassent à la serge croisée la fabrique de drap la plus convenable à l'emploi du fil de laine du pays, appelé *fil doux*. Cet excellent fil, tiré des grandes laines du *Cotentin*, (1) produirait un drap moins

le père *Poisson*, savant cordelier, célèbre prédicateur ordinaire de la cour, à l'âge de vingt-sept ans, étaient de Saint-Lo.

(1) Les terrains les moins bas du *Cotentin*, proprement dit, nourrissent des moutons d'une race grande et forte,

beau que ceux de *Louviers* et *d'Elbeuf*, mais il joindrait à la solidité du meilleur drap de *Vire*, un tissu plus fin et plus moelleux. Aucune espèce d'étoffe ne serait plus propre à l'habillement des marins et des troupes de toutes les armes. On trouverait, dès-lors, à St-Lo, d'excellent drap dans son genre, et pour doublures, une des meilleures serges connues. L'art perpétué d'apprêter la laine et les étoffes, la qualité des eaux propres à la teinture, la facilité de substituer aux métiers à serge croisée ceux du drap, moins compliqués, tout invite les habitans de St-Lo à former, je ne dirai pas cette entreprise, mais cet heureux changement de destination dans leurs fabriques.(1)

Le canal de la *Vire* apporterait aux atteliers de la manufacture, la laine du *Cotentin*, et les matières premières de la teinture. Les

dont la laine est plus épaisse, plus longue et plus soieuse que celle des moutons élevés dans les autres cantons environnans. C'est sur-tout avec cette grande espèce qu'il faudrait croiser les moutons des meilleures races étrangères. Ils seraient, sans doute, moins sujets à dégénérer dans les excellens pâturages dont nous parlons.

(1) Si les malheurs de cette commune, autrefois florissante, exigent l'encouragement et la bienveillance du gouvernement, dans quels momens pourrait-elle les espérer avec plus de fondement ? Les chefs de ce gouvernement cherchent les occasions de faire prospérer les fabriques et le commerce de *France*. Ils voudraient voir toutes les ruines se transformer en édifices inébranlables : le premier magistrat du département, animé des mêmes desirs, possède et mérite depuis long-tems leur confiance.

draps fabriqués, qui ne seraient pas destinés
pour les foires de *Caen* et de *Guibrai*, se ré-
pandraient par *Cherbourg*, dans les pays Sep-
tentrionaux, où ils seraient si convenables
par leur texture épaisse et laineuse. Six écluses
placées au-dessus et au-dessous des moulins
de *Candol*, d'*Airondel* et d'*Aubigny*, et le redressement du lit de la rivière, à deux ou
trois points intermédiaires, notamment vers
le hameau du *Joly*, sur la commune d'*A-
gneaux*, et dans la partie supérieure au pont
de *Gourfaleur*, feraient remonter, suivant le
projet de 1716, sa navigation au-dessus de
Saint-Lo jusqu'à *Condé*, près de *Torigny*. Les
mêmes expédiens la perpétueraient jusqu'à
sa source et le bourg de *Tessy*, celui de *Pont-
Farcy*, la ville de *Vire* participeraient à ses
avantages.

Le Port *Bonaparte* recevrait, à peu de frais,
les bois, les cidres et les toiles du *Bôcage*. Le centre de ce pays ferait arriver aisément le granit
(1) de *Saint-Sever* et de ses environs, dont il
fait usage pour les tours et les cuves de pierre
de taille de ses nombreux et considérables
pressoirs. Enfin chaque habitant pourrait s'in-

(1) Le granit de *St-Denis-le-Gast*, patrie de *St-Evre-
mont*, pourrait alors être conduit, soit à *Tessy*, soit à
Pont-Farcy, pour y être embarqué, si la rivière de
Sienne, qui prend sa source dans la forêt de *St-Sever*,
ne communique pas un jour à la *Vire*.

téresser

téresser directement au commerce maritime et bonifier ses terres avec la tangue prise à l'embouchure de la rivière. C'est-là, sur-tout, que les eaux de la mer qui la baignent, en y déposant leurs sels, augmentent sa fécordité. L'enlèvement de ces sables précieux qui forment des atterrissemens, produit, tout à la fois, et le recreusement du lit de la rivière, et des récoltes plus abondantes. Ne sont-ce pas là des objets du plus grand intérêt public?

C'est en interceptant le passage des bateaux de transport qu'on a forcé les laboureurs voisins de *la Vire* de substituer à la tangue la chaux pour engrais, ce qui entraîne les plus graves inconvéniens; outre que la chaux n'est pas considérée comme un amendement durable, on ne la trouve souvent qu'à de grandes distances dans les terres. Les voitures que les cultivateurs du pays ne cessent de mettre en mouvement, nuit et jour, pour la transporter sur des champs éloignés, fatiguent les conducteurs, excèdent les attelages, dégradent les chemins et multiplient inutilement les dépenses de toute espèce. (1) Les bords de *la Vire* offrent

(1). Il est notoire que le passage habituel des voitures à chaux, rend souvent impraticables les routes qui conduisent aux ponts de *Candol* et de *Gourfaleur* et dans l'ancienne *Bretagne*, par *Avranches* et par *Villedieu*. Les ponts, eux-mêmes, sont détruits. Les grandes routes de *Bayeux* à *St-Lo*, et de cette dernière ville à *Vire*, par *Torigny*, se détériorent de jour en jour par la même cause.   ε

aussi des carrières de pierre calcaire de la meilleure qualité, mais les mêmes obstacles privent
encore, à cet égard, le public du secours de
la navigation.

Le gouvernement actuel de la République
veut enfin rendre florissantes toutes les divisions de son vaste territoire. Le département
de *la Manche* devient, à son tour, l'objet
de sa sollicitude. Ses ports, ses rivières, ses
marais, ses grande-routes, leurs différentes
améliorations ont déterminé plusieurs arrêtés
qui vont recevoir leur exécution. Ces actes
multipliés de l'autorité Consulaire, produits
au milieu des préparatifs d'une guerre indispensable, la vérification des plans qui ont fixé
son intention, dirigée par des membres du
Conseil d'Etat et par les chefs des administrations, tout annonce la ferme résolution
d'employer, pour la prospérité de la France,
l'éclat des victoires, les ressources de l'art et
les bienfaits de la nature. Nous ne devons
donc plus envisager l'exécution de ces plans
que sous leurs rapports généraux et relativement aux intérêts majeurs qui en doivent
résulter.

La marine et le commerce de l'*Europe* attendent de l'établissement d'un Port national,
à *Cherbourg*, la protection de tous les pa-
villons et la liberté des mers. Nous avons
souvent entendu les étrangers faire des vœux

pour le succès de cette entreprise et applaudir à la résolution dont elle est l'objet. Les plus instruits, comme les plus zélés, s'accordaient à penser qu'il convenait à ce port essentiel de ne pas rester *port de marée*, et que la profondeur du mouillage de ses bassins ne devait laisser rien à desirer. Malgré l'observation qui leur était faite que plusieurs ports militaires ne recevaient pas leurs vaisseaux armés et que la rade de *Cherbourg*, couverte par l'élévation de sa digue et par des batteries formidables, ne serait, elle-même, qu'un vaste bassin ; ils ont encore paru craindre que le service, toujours lent, des allèges destinées à l'armement et au désarmement ne fut quelquefois interrompu dans des cas pressans, par quelques coups de vent extraordinaire. Mais ces réflexions auront été prévues : les maîtres de l'art ne craignent point les objections ; ils les cherchent, et leurs lumières n'en méritent que plus de confiance.

Le desir de ne pas différer plus long-tems l'exécution d'aucun travail d'une utilité publique, paraît avoir fait agréer au gouvernement les offres d'une société particulière qui se charge de perfectionner la navigation de *la Vire*, et d'établir un pont sur cette rivière, au passage dangereux du *Petit-Vey* qui partage, entre *Isigny* et *Carentan*, l'une des gran-

de-routes de *Paris* à *Cherbourg*. De tout tems
la construction de ce pont a été jugée tout
à la fois difficile et intéressante. Les sables
mouvants qui, dans ce passage, changent souvent de position avec les différentes marées,
les crues des vives eaux, la liberté nécessaire
à la navigation, la nature même du terrain
qui forme le lit de la rivière, exigent des mesures particulières pour assurer le succès de
cette entreprise. Quiqu'on ne puisse pas dou-
ter que l'exécution en soit surveillée par les
Ingénieurs et par les Commissaires de l'Administration générale, le public ne voit pas
sans inquiétude qu'un travail de cette importance, qui pouvait produire un nouveau
chef-d'œuvre d'architecture moderne (1), ne
reste pas sous leur direction absolue. Il craint
qu'on ne soit obligé d'accorder aux entrepreneurs des droits qui lui donneront, au
moins, des désagrémens. Si quelque motif
peut les adoucir, c'est que le service des guides,
au passage du Petit-Vey, sans être aussi sûr
et aussi commode que celui d'un pont, im-
posait déjà la nécessité d'un péage.

(1) Nous possédions depuis long-tems *en France* des
modèles d'architecture relatifs à la courbure et à l'élévation des ponts jetés sur les grandes rivières ; mais
depuis un demi siècle, les chef-d'œuvres, en ce genre,
se sont multipliés particulièrement sur la *Seine* et sur
la *Loire*. On distinguera toujours parmi eux, les ponts
de *Neuilly*, de *Blois*, de *Mante* et de la *Révolution*.

On se propose de changer le cours de la rivière, à l'emplacement du pont , en lui creusant un lit sur un terrain mieux affermi. On peut se promettre un grand succès si les écluses, qu'on doit y établir, produisent des chasses assez fortes pour nétoyer le nouveau canal et pour en éloigner les *troubles* que les courants des marées y dirigeront toujours, en quelqu'endroit qu'il soit placé. Mais qu'il nous soit permis de faire ici quelques réflexions qui, tout inutiles qu'elles pourraient paraître, ne seront , au moins, jamais nuisibles.

On a souvent remarqué que ce qui s'oppose le plus à la perfection des plus grands ouvrages, c'est le défaut d'ensemble et de prévoyance dans les projets et dans leur exécution. Il ne suffit pas à l'inventeur de réunir à la solidité de ses entreprises toutes les beautés de son art, il faut encore qu'il les rende utiles sous tous les rapports, et qu'il en étende, s'il est possible, les avantages à ce qui peut un jour en dépendre ou les environner. On n'a jamais tenté de suppléer, après coup, à l'embellissement ou à la destination des chef-d'œuvres de l'architecture sans nuire, au moins, à leur solidité.

Les passages des *Veys* , devenus fameux par les malheurs dont ils ont été l'occasion, présenteront toujours à l'imprudence des dangers réels , à moins qu'ils ne cessent absolument de paraître guéables et qu'ils ne soient remplacés par des ponts également sûrs et commodes. La *Douve*, la *Taute*, la *Vire* et l'*Aure*, quatre rivières navigables vers leur embouchure répandent leurs eaux au *Grand-Vey*, dit de *Saint-Clément*, sur une partie de grève très-étendue. Elles en sont moins profondes, mais les courants des marées y déplacent quelquefois des masses considérables de sable dont les parties les plus déliées surnagent à la surface des eaux et cachent des précipices. Les sables mobiles du *Petit-Vey* présentent encore de plus grands dangers aux voyageurs. Mais on a présumé qu'en augmentant le volume et la rapidité des eaux de ces rivières, avant qu'elles s'embouchent dans la mer, elles pourraient nétoyer habituellement leurs canaux et en écarter les alluvions. La jonction, ou plutôt la réunion totale ou partielle de ces rivières, dans un lit approfondi qu'elles creuseraient encore tous les jours, produirait, peut-être, cet effet. Quand cette opération serait utile, c'est aux chefs du génie et aux hommes de l'art d'en juger la possibilité.

Nous n'aurions pas même proposé nos doutes à cet égard, si les savans ingénieurs, qui se sont occupés séparément du cours et de la navigation des ces rivières, eussent eu l'occasion d'en considérer l'ensemble, ainsi

que leurs relations respectives. Mais les anciens projets qui nous sont connus, n'ont
guères eu pour but que la navigation de la
Vire. Le citoyen le *Grand-Mollerat*, au contraire, n'a point étendu jusqu'à ce récipient
considérable son précieux travail, et nous
ignorons combien d'objets embrassent celui
de l'ingénieur en chef du département de
la *Manche.*

Si tous les projets relatifs aux passages des
Veys et aux rivières dont ils avoisinent l'embouchure, étaient recueillis dans les dépôts
des différens ministères; si ceux de leurs auteurs, encore existans, étaient réunis pour
les discuter de concert avec des commissaires
choisis par le Gouvernement, ne sortirait-il
pas de leur examen de nouvelles lumières
et des moyens d'applanir des difficultés re-
gardées jusqu'ici comme insurmontables ?
Alors, les canaux, les ponts et les autres
travaux publics à faire, seraient dirigés de manière à recevoir et à procurer tous les avantages
dont ils sont susecptibles. On n'aurait pas à
regreter, dans la suite, leur imperfection ou
leur insuffisance pour une destination ultérieure.

Déjà le pont de la *Barquette*, établi sur
la *Douve*, laisse beaucoup à desirer; celui
du *Petit-Vey* sera d'une bien autre importance, et par sa position sur une grande-route

dont il raccordera les deux parties divisées
à l'endroit même où le terrain manque de
solidité, et par l'établissement du *Port Bo-*
naparte, auquel cette route conduit directement, en partant de la capitale, ce qui la
rendra l'une des plus fréquentées de la République, et parce que ce pont doit couvrir
l'une des plus intéressantes rivières navigables
du département de la Manche, et que sa navigation pourrait un jour se prolonger, par
la *Douve* et par la *Divette*, jusqu'à la rade
de *Cherbourg*.

Toutes ces relations, existantes ou futures,
semblent exiger, dans la construction du pont
dont il s'agit, une combinaison de moyens
et de proportions complètement analogue à
sa destination.

Mais ne perdons pas de vue les précieux
avantages que la navigation de la *Haute-Vire*
doit procurer. L'arrivage des bois du *Bôcage*
à *Cherbourg* en sera la suite heureuse et nécessaire. Les arbres vendus sont, avec justice,
les seuls désignés par la loi comme objets
dont l'administration publique ait droit d'exiger la préférence.

C'est en respectant les droits sacrés de la
propriété; en dédommageant amplement les
possesseurs légitimes des sacrifices nécessaires à la prospérité publique; en faisant acquitter, avec une scrupuleuse exactitude,
les

les promesses nationales, que les premiers
magistrats du peuple Français conserveront
à jamais la confiance des citoyens, et de ceux-
là même qui ont été les malheureuses victimes des fausses mesures adoptées par les
administrations antérieures.

Le Gouvernement a considéré que les finances de l'Etat, dont il est le centre, et,
pour ainsi dire, le cœur, sont le tribut et
le sang des guerriers et des peuples. Lorsque ceux-ci deviennent les créanciers de l'Etat,
il faut que ce principe de vie retourne vers
eux par une circulation régulière et non-in-
terrompue : sans elle, les membres du corps
social dépériraient et lui-même tendrait à
sa dissolution. Fouler les peuples et retenir
leurs capitaux, c'est, comme l'a dit un auteur célèbre, *brûler les moissons pour en avoir*
les cendres.

Au nombre des résultats intéressans de la
navigation intérieure, se trouverait, si son
établissement est possible, le canal de jonction de la *Haute-Vire* à la rivière d'*Egrenne*,
affluent de la *Mayenne*, dont les bateaux re-
montent déjà jusqu'à *Laval* et qui s'embou-
che dans la *Loire.*

Outre le cours de la *Vire*, qui porte d'a-
bord son nom et qui commence à sourdre
au *Petit-Trudemer*, elle a, dès son origine,
un grand nombre d'affluens, dont deux, en-

f

tr'autres, prennent naissance à *St-Sauveur-de-Chaulieu*, tout près de la source de *l'E-grenne*, qui sort de *St-Martin du même Chau-lieu*. Ces sources, de deux rivières différentes, sont si voisines les unes des autres, qu'elles paraissent avoir un bassin commun dont les versants se trouvent de niveau, quoiqu'ils soient diamétralement opposés. Ce bassin dominant plusieurs plans inclinés, peut, comme les réservoirs et les fontaines publiques, répandre ses eaux bienfaisantes dans toutes les directions.

Un homme de lettres, d'*Angers*, a proposé de joindre la *Mayenne* à la rivière de *Vilaine*, et d'établir un autre canal de communication entre cette dernière et la *Rance* qui passe à *Dinan*, pour se rendre à *Port-Malo*. Déjà, parmi les travaux ordonnés par le Gouvernement, on trouve ceux qui doivent perfectionner la navigation de la *Rance.*

Ainsi la *Vire*, ayant pour intermédiaires l'*Egrenne* et la *Mayenne*, communiquerait par la *Vilaine*, la *Rance*, et la *Loire*, avec les départemens de l'ancienne Bretagne, et à presque toute la France.

Les relations fluviales sont comme la *chaîne* des vérités et des sciences exactes, elles se tiennent toutes, et pour arriver de l'une à l'autre, il suffit, en quelque sorte, de les developper.

S'il est vrai que, suivant les vues de l'auteur dont nous venons de parler, la navigation des rivières de l'ancienne province de Bretagne puisse se perpétuer jusqu'au port de *Brest*, il deviendrait dès-lors possible de joindre intérieurement celui-ci aux ports *Malo* et *Bonaparte* par la *Vilaine*, la *Mayenne* et la *Vire*, d'après les notions précédentes.

Cette communication serait d'autant plus heureuse qu'on pourrait encore l'étendre jusqu'à l'*Orient* et à *Port-Louis* ou *Blavet*, La rivière de *Blavet* qui prend sa source au-delà de *Pontivy*, se rapproche beaucoup de celle d'*Oud* ou d'*Aouse* qui passe à *Rohan* et qui descend jusqu'à la *Vilaine*, pour s'y réunir entre *Rieux* et *Redon*. Qu'on daigne encore pardonner cette indication au zèle plus ardent qu'éclairé d'un soldat que le devoir retient à son poste, mais comment résister au desir de trouver, de chercher du moins les moyens de joindre, en quelque sorte, intérieurement, entr'eux, et à la *Loire*, les *cinq* ports Français, les plus considérables de l'Océan Occidental?

L'art de naviguer sur la plupart des rivières de l'*Europe*, n'a ni l'importance, ni l'éclat des courses maritimes et de la navigation sur les grands fleuves des autres parties du monde. On parle avec enthousiasme des voyages de long-cours, entrepris sur les mers du *Sud* et du

Nord, ou sur les fleuves immenses de l'*Amérique* et de l'*Asie*. (1)

Ces hardies navigations sur des eaux majestueuses ou terribles, seraient d'un avantage inappréciable, si le succès repondait toujours à la grandeur de l'entreprise. Mais sur ces plaines liquides, les navigateurs sont encore plus isolés que les voyageurs des vastes déserts de l'*Afrique*. L'or et les richesses qu'ils transportent ne peuvent appaiser, ni les besoins de la nature, ni les vents déchaînés. Leur vue ne fait qu'irriter la fureur inexorable des brigands ou des pirates. Aucune main secourable ne se présente pour les arracher à la mort ou à l'esclavage. C'est pour ces rares et périlleuses entreprises qu'il faut avoir une force extrême et un triple courage.

La prudence suffit pour conduire les barques de nos rivières ordinaires. La multiplicité, comme la sûreté de leurs courses, compensent la médiocrité relative de leurs chargemens. Tous les bords qu'elles parcourent

(1) La plupart des grands fleuves de l'Asie, sont aujourd'hui connus, ceux de l'Amérique ne le sont pas encore. Rien n'est plus difficile que de naviguer sur les rivières des *Amazônes*, de *St-Laurent* et du *Missouri*, dont le cours est de la plus grande rapidité. Les sources des deux dernières et celles du *Mississipi*, ne sont pas encore découvertes; mais celle-ci présente, avec la *Bella rivière* ou l'*Ohio*, de grands moyens de navigation.

sont des pays habités et amis. Ils offrent sans cesse l'occasion de transporter, à peu de frais, de donner ou de recevoir tous les objets d'agrément et d'utilité particulière ou publique. Quelle énorme différence entre le service des pesants chariots les mieux attelés et celui des grands et solides bateaux de *Rouen*, entre la charge des voitures ordinaires et celles des barques légères du Midi de la France, ou des simples radeaux de flottage.

C'est par leurs canaux magnifiques de navigation intérieure, que les peuples de la véritable antiquité, que les *Chinois* et les *Egyptiens*, ces premiers précepteurs du genre humain, entretiennent, depuis tant de siècles l'abondance, par le travail et une population peut être excessive.

C'est avec les mêmes moyens que les nations les plus modernes, que les *Etats-Unis d'Amérique* rendent habitables et immenses des villes qui viennent de n'aître; populeuses et commerçantes, des contrées dont le nom est à peine connu; labourables et fécondes, des terres ingrates et marécageuses, qui recèlent encore des principes de mort. C'est par-là que ces peuples, au berceau, semblent déjà menacer d'accabler un jour de leurs essaims nombreux et de leur puissance, toutes les parties ignorées ou connues du globe terrestre.

On a eu raison de le dire : « Cette prospérité
» de l'Amérique est aussi due , en grande par-
» tie , à la douceur du Gouvernement, à
» ses secours, à ses soins paternels, aux en-
» couragemens qu'il donne, à la force mo-
» rale qui en résulte et qui agit , comme celle
» de la nature, sans appareil et sans osten-
» tation. »

Mais la douceur de ce Gouvernement, c'est
sur - tout la liberté politique et religieuse,
établie parmi des hommes de toutes les opinions, de tous les cultes et de presque tous
les climats. Cette liberté, dont nous jouissons
comme eux, donne l'essor aux talens et la
paix aux consciences. Dans le calme qu'elle
produit, chacun peut rendre ses travaux assidus et ses délassemens agréables et utiles,
chacun reconnaît pour sa Patrie le pays qui
fait son bonheur.

Les secours et les soins des premiers magistrats des Etats-Unis , ont particulièrement
pour objet l'établissement des grande-routes
et celui des canaux navigables, les progrès
du commerce et ceux d'une immense agriculture. Mais s'il existe des nations jalouses de
ces accroissemens prodigieux et des suites que
l'avenir leur présage , ce ne sont pas celles
qui ont auxiliairement arrosé de leur sang
généreux les premiers fondemens de tant de
prospérités, et qui ont si bien tenu la pro-

messe solennelle qu'elles avaient fait de le
verser tout entier, plutôt que de reprendre
leurs propres chaînes, brisées par elles seules
avec tant d'énergie.

Non, l'heureux sol de la *France*, concentré sous un ciel favorable, renommé pour sa
fertilité, défendu par ses bornes naturelles
et par la valeur héréditaire de ses guerriers,
assez étendu, assez resserré pour ne laisser
rien à craindre ou à desirer, ne permettra
jamais à ses généreux habitans d'envier le
sort des plus nombreuses nations. Les magistrats qui veillent à leurs intérêts pendant la
guerre, les héros qui les conduisent à la victoire, leur serviront encore de guides pour
recueillir, avec sagesse, les bienfaits d'une
paix glorieuse.

Une des spéculations qu'on a toujours mis
au nombre *des rêves des hommes de bien*, est
celle qui proposait à la *France*, diversement
féconde en productions délicieuses, de se borner à leur jouissance et d'abandonner ses colonies, si souvent rougies, comme les mers
qui nous en séparent, par le sang de nos
braves.

Mais les preuves alternatives de faiblesse
et de valeur, données par notre monarchie,
paraissent avoir inspiré tout à la fois à nos
ennemis la crainte perpétuelle d'une invasion
qu'ils ont si bien mérité, et le desir témé-

raire d'insulter notre continent ; en sorte que
la modération ne suffirait pas pour assouvir
la haîne des partisans de la guerre.

Les sages, qui gouvernent la République,
n'ont voulu la croire indispensable qu'après
avoir vu calomnier leurs dispositions pacifiques. Un court trajet et la victoire éclaireront l'*Angleterre* sur ses vrais intérêts ; mais
une marine formidable peut seule nous garantir une paix durable.

Il ne faut, pour l'établir, que la ferme résolution des chefs de l'Etat et la confiance
qu'ils inspirent. Chaque possesseur des principales matières de nos constructions navales
peut trouver le gage de ses indemnités, soit
dans la remise de ses impositions particulières,
soit dans la délégation de celles des autres
contribuables ou de toute autre manière encore plus expéditive.

Le Gouvernement français, heureux du bonheur qu'il procure, recevra l'offre de ce qu'il
serait forcé de demander ; il perpétuera les
douces impressions de l'honnêteté, de la bien-
faisance, de l'amour et de la reconnaissance
publique. Tout Français, digne de ce nom,
se glorifiera de le porter. Chaque citoyen
s'empressera d'éprouver le double plaisir de
recevoir l'indemnité de ses privations volontaires et de contribuer au bien général.

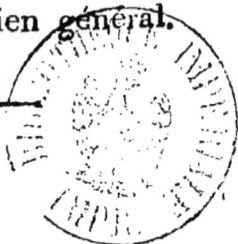